Wendy

100 DINGE
die du über Pferde wissen musst

Inhalt

Bist du bereit für das Abenteuer Pferd? 4
Wie Pferde leben wollen 26
Die Ernährung 48
Wie du Pferde unterscheiden kannst 70
Die Pferderassen 92
Wie du reiten lernen kannst 114
Die Reitausstattung 136
Tipps zur Pferdepflege 158
Satteln und Trensen 180
Das Ausreiten 202

Alle Tipps und Inhalte in diesem Buch sind sorgfältig ausgewählt und geprüft worden, dennoch können weder Verlag noch Autor eine Garantie übernehmen. Eine Haftung des Verlags bzw. des Autors für Personen-, Sach- und Vermögensschäden ist deshalb ausgeschlossen.

Wendy

100 DINGE
die du über Pferde wissen musst

Schwager & Steinlein

Bist du bereit für das Abenteuer Pferd?

Mehr als nur ein Hobby

Pferde sind wunderschöne Tiere mit edlem Gemüt. Der Umgang mit ihnen bereitet vielen Menschen Freude. Doch Pferde fordern auch viel von uns. Wer sich mit ihnen beschäftigt, wird ihnen schnell näher kommen. Ruhe, Geduld, Liebe und Fürsorge sind unerlässlich für eine echte Pferdefreundschaft.

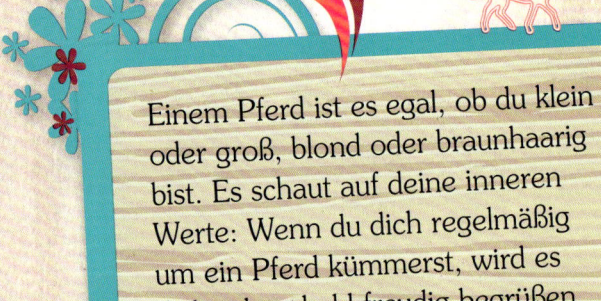

Einem Pferd ist es egal, ob du klein oder groß, blond oder braunhaarig bist. Es schaut auf deine inneren Werte: Wenn du dich regelmäßig um ein Pferd kümmerst, wird es dich schon bald freudig begrüßen. Doch enttäusche es nicht, wenn es auf dich wartet.

Es ist ein großer Unterschied, ob du Sport beispielsweise in einem Fitness-Studio oder mit einem Pferd betreibst. Ein Pferd ist ein Lebewesen, das du verantwortungsvoll behandeln musst. Egal, ob es regnet oder schneit, egal, ob du müde bist oder nicht. Bist du bereit für dieses Abenteuer?

Ein Pferd ist kein Fahrrad

Das kennst du sicher auch: Über das neue Fahrrad hast du dich damals sehr gefreut. Du bist am Anfang viel damit gefahren, doch irgendwann hattest du keine Lust mehr darauf und es landete erst mal in der Ecke. Bei Pferden ist so ein Verhalten tabu: Sie sind immer für dich da und geben alles für dich – aber nur, wenn du ihnen auch ein zuverlässiger Partner bist.

Hast du schon mal schlechte Laune? Dann lass sie nicht am Pferd aus, denn es wird nicht verstehen, was los ist. Ein Pferd ist sehr feinfühlig, es merkt sofort, ob du fröhlich oder traurig bist.

Vielleicht wirkt das Pferd, mit dem du dich beschäftigst, anfangs auf dich ein wenig gleichgültig oder gar ablehnend. Wahrscheinlich ist es aber nur skeptisch, weil es dich noch nicht kennt. Mit ein wenig Geduld kannst du sein Vertrauen ganz sicher gewinnen.

Genug Zeit mitbringen

Mal eben zum Pferd, und direkt danach zum Ballett? Vorher noch in die Musikschule, und dann in den Stall? Das ist keine gute Idee. Der Umgang mit einem Pferd ist eine recht zeitaufwändige Angelegenheit.

Rechne damit, dass ein Besuch bei einem Pferd im Durchschnitt drei Stunden in Anspruch nimmt, denn vor und nach dem Reiten musst du das Pferd gründlich versorgen. Und sicherlich möchtest du auch mit deinen Reitfreunden ein wenig plaudern. Plane also immer genug Zeit ein, wenn es zum Stall geht!

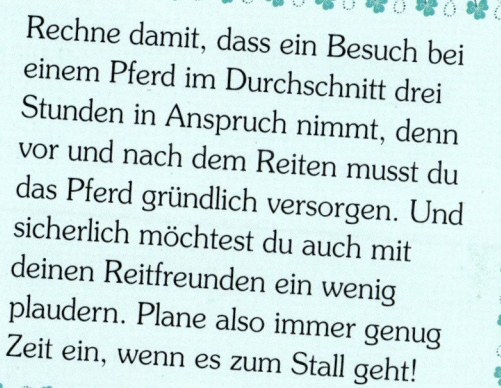 Wenn deine Mutter oder dein Vater dich vom Stall abholen, verabredet einen Termin, der dir ausreichend Zeit lässt. Wenn du mit dem Bus zur Reitstunde fährst, komme nicht erst in letzter Minute an, sondern sei mindestens eine halbe, besser eine ganze Stunde vor dem Unterricht am Stall. Denn eines wirst du schnell merken: Langweilig wird es dir nie werden, wenn du bei den Pferden bist! Es gibt hier so viel Neues zu entdecken!

Die Kosten

Wer reiten lernen möchte, muss oft erst einmal sparen. Denn Reitstunden sind recht teuer, schließlich muss nicht nur der Reitlehrer, sondern auch eine Gebühr für das Pferd bezahlt werden. Auf dem Land ist es manchmal etwas günstiger als in der Stadt.

Wenn du ernsthaft planst, reiten zu lernen, kann das also bedeuten, dass du einen Großteil deines Taschengeldes dafür verwenden musst. Stell dich darauf ein, dass für weitere Hobbys dann möglicherweise weniger Geld übrig ist.

Doch auch wer eher wenig Taschengeld zur Verfügung hat, muss auf den Umgang mit Pferden nicht unbedingt verzichten. Vielleicht kannst du die Reitstunden noch etwas verschieben und erst mal den Stallbesitzer fragen, ob du im Stall mithelfen kannst. Auch dabei lernt man eine Menge über die Pferde.

Wer schon gut reiten kann, kann versuchen, eine Reitbeteiligung an einem Privatpferd zu bekommen. Viele Pferdebesitzer suchen eine zuverlässige Hilfe bei der Versorgung ihres Pferdes. Wer sich hier bewährt, darf das Pferd oft auch reiten.

Fit fürs Reiten

Ob du ein sportlicher Typ bist oder eher gemütlich durchs Leben schlenderst, ist den Pferden selbst zunächst einmal egal. Doch wenn du reiten lernen willst, dann sei dir im Klaren darüber, dass es sich dabei um eine Sportart handelt, die sehr anstrengend sein kann. Das merkst du spätestens nach dem ersten Muskelkater, denn der wird mit Sicherheit kommen!

Ein gutes Gleichgewichtsgefühl ist wichtig beim Reiten. Auch Ausdauer und Beweglichkeit sind erforderlich. Du musst nicht gertenschlank sein, aber Übergewicht ist weder für den Pferderücken gut noch für deine Kondition von Vorteil. Kenner empfehlen Gymnastik und Ausdauersport als sinnvolle Ergänzungen zum Reitsport.

Wer schlau ist, macht ein paar Dehnungsübungen, bevor es in den Sattel geht. Das hilft gegen Verkrampfungen und Steifheit. Vor allem bei kaltem Wetter sollte man nicht darauf verzichten.

Freunde und Familie

Zwar ist Reiten keine Mannschaftssportart wie zum Beispiel Fußballspielen, aber es macht mit Freunden einfach noch mehr Spaß. Vielleicht hast du ja das Glück und eine Klassenkameradin begleitet dich zur Reitstunde. Aber auch wenn du dich alleine traust, wirst du am Reitstall sicherlich schnell Gesellschaft finden.

Reitfreunde sind oft Freunde fürs Leben: Die gemeinsamen Abenteuer auf dem Pferderücken schweißen zusammen. Reitunterricht, Reiterferien oder der Besuch eines Turnieres sind tolle Erlebnisse, die man gerne mit anderen teilt.

Hast du schon einmal darüber nachgedacht, dass dein neues Hobby auch für deine Familie eine gewisse Umstellung mit sich bringt? Es riecht nach Pferd, wenn du nach Hause kommst und Pferdehaare im Auto lassen sich auch nicht immer vermeiden. Vor allem, wenn jemand in deiner Familie eine Allergie gegen Pferdehaare hat, solltest du, falls möglich, deine Reitkleidung am besten erst gar nicht mit in die Wohnung nehmen.

Du brauchst viel Geduld

Weißt du eigentlich, wie lange es dauert, bis du ein guter Reiter wirst? Die Antwort wird dich vielleicht erstaunen, doch sie ist wahr: Es dauert ein Leben lang! Denn kein Pferd ist wie das andere. Sich auf ein neues Pferd einzustellen, ist jedes Mal eine spannende Herausforderung. Rede mal mit älteren Reitern – du wirst dich wundern, wie viel Überraschendes im Laufe eines Reiterlebens passieren kann.

Aber keine Angst: Bis du dich einigermaßen sicher auf dem Pferderücken halten kannst, wird keine Ewigkeit vergehen. Nach einigen Eingewöhnungs-Stunden an der Longe kannst du im Reitunterricht in der Gruppe mitreiten. Dein Reitlehrer entscheidet, wann es soweit ist, dass du alleine reiten kannst. Er wird dir auch sagen, wann du das erste Mal an einem Ausritt teilnehmen darfst.

Wenn du daran interessiert bist, auf Turnieren zu reiten, so ist eine Menge Training erforderlich. Dabei gilt: Je öfter du reitest, desto schneller wirst du Fortschritte machen. Erkundige dich an deinem Reitstall, ob dort kleine Wettbewerbe oder hofinterne Reitertage organisiert werden. Dort kann man in der Regel auch schon dann mitmachen, wenn man noch kein Profi ist.

Keine Angst

Wer behauptet, er hätte noch nie Angst auf einem Pferd gehabt, der flunkert mit ziemlicher Wahrscheinlichkeit. Schließlich gehört einiges an Mut dazu, sich den doch recht hohen und ganz schön schnellen Tieren anzuvertrauen. Ein Sturz bringt nämlich immer mindestens blaue Flecken mit sich.

Wusstest du übrigens, dass die meisten Menschen Pferde toll finden, aber ein Großteil schon Angst bekommt, wenn sie sich einem Pferd nähern? Pferde sind groß und erhaben, und können einem Fremden ordentlich Respekt einflössen. Deshalb setzt die Polizei bei Großeinsätzen manchmal Polizeipferde ein: Allein die Anwesenheit der mächtigen Tiere sorgt oft dafür, dass Randalierer sich zurückziehen.

Doch Hand aufs Herz: Wenn du nach einigen Monaten immer noch Bauchschmerzen vor jeder Reitstunde hast, dann solltest du dir überlegen, ob der Pferdesport wirklich das Richtige für dich ist. Es ist keine Schande, sich einzugestehen, dass man sich im Sattel nicht wohlfühlt.

Erfolge und Niederlagen

Reiten macht Spaß! So viel Spaß, dass viele Pferdefreunde am liebsten jeden Tag die Nähe zu Pferden suchen. Doch du solltest darauf vorbereitet sein, dass es im Umgang mit dem Pferd Höhen und Tiefen gibt.

Hat heute eine Übung gut geklappt, so kann es durchaus sein, dass sie am nächsten Tag nicht gelingt. Pferde sind Lebewesen und haben wie wir gute und schlechte Tage. Vielleicht haben sie schlecht geschlafen oder es ist ihnen einfach zu heiß? Pferde sind gutmütig und wollen es dem Menschen recht machen. Wenn etwas schief geht, suche die Schuld nicht beim Pferd. Prüfe zunächst, ob du selbst etwas falsch gemacht hast. Hat das Pferd dein Kommando möglicherweise nicht richtig verstanden?
Dann probiere die Übung erneut.

Zeige deinem Pferd immer, wenn es eine Sache gut gemacht hat. Belohne dein Pferd mit einem „Brav" oder einem Klopfen. Jedes Lob wird es sich merken und sich beim nächsten Mal ganz besonders anstrengen. Beobachte dein Pferd genau: Wenn du ihm zeigst, dass du dich freust, lässt es sich von deiner guten Laune anstecken.

Jetzt kann's losgehen!

Du bist wild entschlossen, dich auf das Abenteuer Pferd einzulassen? Auch, wenn das einen Großteil deiner Freizeit und deines Taschengeldes aufzehren wird?
Eine gute Entscheidung!
Dann ist jetzt der richtige Zeitpunkt, viel über Pferde und Ponys zu erfahren.

Wenn du die nächsten Kapitel aufmerksam durchliest, wirst du Spannendes über das Leben der Pferde, über ihr Verhalten und ihre Bedürfnisse lernen. Du bist auf dem besten Weg, ein echter Pferdefreund zu werden. Also, auf in den Stall: Zieh dir eine alte Jeans und feste Schuhe an und schnuppere Pferdeluft! Doch Achtung: Die macht süchtig. Gut möglich, dass du ein Leben lang nicht mehr davon loskommst… Los geht's!

Wie Pferde leben wollen

Herdentiere möchten nie allein sein

Seit Millionen von Jahren gibt es Pferde. Schon ihre Vorfahren lebten immer in Herden. Dort fühlen sich Pferde sicher, denn es gibt eine strenge Rangordnung. Ein einzelnes, von der Herde zurückgelassenes Pferd hatte in der Steppe keine Chance zu überleben.

Das moderne Reitpferd hat äußerlich nicht mehr allzu viel Ähnlichkeit mit seinen Urahnen. Doch sein Wesen als Herdentier ist unverändert geblieben. Nur in Gesellschaft fühlen Pferde sich wohl. Ein Pferd oder Pony ohne Artgenossen zu halten, ist Tierquälerei.

Der Wunsch nach Gesellschaft erstreckt sich auf alle Bereiche des Pferdelebens: Alleine auf der Wiese? Bloß nicht! Alleine im Stall? Schrecklich! Auch beim Ausritt geht es in der Regel gelassener zu, wenn andere Pferde mit dabei sind. Hat ein Pferd keinen Sicht- und Sozialkontakt zu Artgenossen, wird es unglücklich, manchmal sogar krank.

Am liebsten immer in Bewegung

Pferde, die in der freien Natur leben, bewegen sich kontinuierlich. Meistens schlendern sie auf der Suche nach dem leckersten Grashalm gemütlich umher. Ab und zu geht es auch etwas rasanter zu: Rangordnungskämpfe oder ein ausgelassener Galopp in der Gruppe gehören zum Pferdealltag.

Pferde waren und sind Lauftiere, doch was bedeutet das für das Reitpferd von heute? Eigentlich genau dasselbe wie für seine Vorfahren: Ein Pferd, egal ob Pony oder Warmblut, benötigt viel Bewegung. Ein Pferd, das den ganzen Tag in der Box verbringt, und nur zum Reiten aus dem Stall geholt wird, kann seelischen und körperlichen Schaden nehmen.

Pferde, die regelmäßig Weidegang haben, sind in der Regel sehr viel ausgeglichener als solche, die ihren Bewegungsdrang unter dem Sattel loswerden müssen. Wenn du Verantwortung für ein Pferd übernimmst, sorge dafür, dass es sich viel bewegen kann. Dann macht auch das Reiten mehr Spaß.

Fluchttiere sind auf der Hut

Pferde sind Herden- und Bewegungstiere, und sie sind Fluchttiere. Selbst, wenn sie scheinbar schlafen, können sie aus dem Stand losstürmen, wenn sie Gefahr wittern. Immer auf der Hut zu sein, war für die Wildpferde unerlässlich, um Angriffen von beutesuchenden Feinden zu überleben.

Dieses Verhalten wird von uns Menschen manchmal als Schreckhaftigkeit wahrgenommen. „Der sieht wieder Gespenster" heißt es dann, wenn ein Pferd scheinbar ohne Grund beim Ausritt oder sogar in der Reitbahn zur Seite springt.

Als Reiter solltest du also stets vorbereitet sein, dass ein Pferd sich auch ohne für dich erkennbaren Grund erschrecken kann. Vor allem, wenn es dich nicht sieht, weil du hinter ihm stehst. Wusstest du, dass Pferde aufgrund ihrer außen am Kopf anliegenden Augen fast eine 360 Grad-Rundumsicht haben? Nur was direkt hinter ihnen passiert, können sie nicht sehen.

Auf der Weide ist es am schönsten

Pferde lieben den Aufenthalt im Freien. Auf der Weide oder, falls es das Wetter nicht zulässt, auf einem Paddock, fühlen sie sich wohler als in einer abgeschlossenen Box. Schau dich einmal bewusst auf verschiedenen Reithöfen um: An immer mehr Boxen ist ein Paddock, also eine befestige Außenfläche, auf der die Pferde umherschlendern können, direkt angeschlossen.

Im Winter lässt es das Wetter oft nicht zu, dass Pferde vollständig im Freien gehalten werden. Doch täglich einige Stunden an der frischen Luft sollte man dem Pferd auch dann ermöglichen.

Robustpferderassen, wie Haflinger, Norweger oder Isländer, kann man gut in einem Offenstall halten. Dieser offene Unterstand dient als Schutz gegen zu große Hitze oder Kälte und als Schlafplatz. Von dort aus hat das Pferd meistens ungehindert Zugang zur Weide. Diese Haltungsform kommt den ursprünglichen Bedürfnissen der Pferde am nächsten.

Robust gehaltene Pferde bekommen im Winter ein sehr viel dickeres Fell als ihre Artgenossen, die im Stall gehalten werden. Dieser wollige Pelz schützt sie gegen Wind, Regen und Schnee.

Regen – na und?

Da wir uns als Menschen nicht gerne im Regen aufhalten, befürchten viele Pferdefreunde, dass Pferde ähnlich empfinden. Das kann in Einzelfällen tatsächlich so sein, in der Regel stört Pferde das Wasser von oben aber nur wenig. Im Sommer lieben viele Pferde eine erfrischende Dusche von oben sogar sehr.

Pferde haben ein gesundes Gefühl dafür, was ihnen gut tut und was ihnen schadet. Sobald es ihnen im Regen zu ungemütlich wird, suchen sie Schutz, zum Beispiel unter Bäumen oder in einem Unterstand. Ein nasses Pferd bei kaltem Wind schutzlos auf der Weide oder in einem zugigen Stall stehen zu lassen, ist keine gute Idee. Kann das Pferd den erforderlichen Schutz nicht selber finden, müssen wir dafür sorgen, dass es sich nicht erkältet.

Pferde frieren selten. Wenn du unsicher bist, ob dem Pferd kalt ist, fühle vorsichtig an seinen Ohren. Sie sollten vor allem im unteren Bereich nicht kalt sein.

Geschorenen Pferden sollte man eine wasserdichte Decke auflegen, bevor es bei nassem Wetter ins Freie geht.

Der ideale Stall

Wenn Pferde eine Wunschliste für die Bauweise ihres Stalls aufschreiben könnten, dann würde diese wahrscheinlich so aussehen: Hell soll er sein, mit großen offenen Fenstern und mit viel frischer Luft. Und die Fenster bitte immer offen lassen, es sei denn, ein starker Sturm kündigt sich an!

Die Temperatur im Stall sollte in etwa so sein wie draußen: Nur gegen große Hitze oder bittere Kälte sollen die Mauern einen Schutz darstellen.

Viele Reitpferde verbringen ihre Nächte in einer Box. Sie muss groß genug zum Umdrehen sein. Die Einstreu, also das, was auf den Boden der Box gestreut wird, sollte immer sauber und trocken sein. Ein Trog für das Futter sowie eine Tränke dürfen nicht fehlen.

Für die Größe einer Box gibt es eine Faustregel:
$$(2 \times Stockmaß)^2$$
Ein Kleinpferd mit einer Rückenhöhe von 1,50 m benötigt also eine 3 Meter lange und breite Box, sprich 9 Quadratmeter.

Der tägliche Stalldienst

Der Stall des Pferdes muss immer sauber und trocken sein. Nasse Einstreu und Pferdeäpfel müssen jeden Tag entfernt werden. Danach wird frische Einstreu in der Box verteilt. Das Pferd sollte stets eine ausreichend dicke und weiche Schicht Einstreu zur Verfügung haben, damit es beim Aufstehen nicht rutscht.

Die meisten Pferdeboxen sind mit Stroh eingestreut. Das hat den Vorteil, dass die Pferde daran knabbern können und so weniger Langeweile aufkommt. Auch Holzspäne oder Pellets eignen sich als Einstreu. Im Winter sorgt die Einstreu außerdem dafür, dass die Kälte von unten abgemildert wird. Der Betonboden darf nicht mehr sichtbar sein.

Zum Stalldienst gehört das Fegen der Stallgasse nach dem Einstreuen und nach dem Füttern. Wenn es möglich ist, fege dann, wenn die Pferde nicht im Stall sind. Pferde haben sehr empfindliche Atemwege, der aufgewirbelte Staub kann zu Husten führen.

Ist es im Sommer sehr heiß und trocken, empfiehlt es sich, den Stallboden vor dem Fegen leicht anzufeuchten, z.B. mit einer Gießkanne. Dann gelangt weniger Staub vom Boden in die Luft.

Die Sprache der Pferde verstehen

Pferde verständigen sich untereinander ohne Worte, dafür mit Hilfe ihrer Körpersprache. Diese Sprache ist unmissverständlich und sorgt in der Herde für eine klare Ordnung.

Sind die Ohren nach hinten angelegt und die Augen weit geöffnet, ist Vorsicht geboten. Mit dieser Drohgebärde macht das Pferd deutlich: „Bleib bloß weg. Einen Schritt noch, und ich werde mich wehren". Das sollte man ernst nehmen und Abstand halten. Ein Pferdetritt kann nämlich ganz schön schmerzen.

Wenn du die Sprache der Pferde lernen möchtest, beobachte die Pferde am besten auf der Weide. Achte dabei besonders auf ihre Augen und Ohren. Sind die Augen halb geschlossen und hängen die Ohren entspannt zur Seite, döst das Pferd gerade. Du solltest es dann in Ruhe lassen.

Schnaubt ein Pferd, dann ist dies in der Regel ein Zeichen, dass es sehr zufrieden ist. Das tiefe Abschnauben beim Reiten ist ein Geräusch, das alle Reiter lieben, denn es zeigt ihnen, dass ihr Pferd sich unter dem Sattel entspannt hat.

Pferde mögen Menschen

Seit Jahrtausenden halten Menschen Pferde als Nutz- und Haustiere. Sie haben Pferde im Krieg, in der Landwirtschaft und vor der Kutsche als Transportmittel genutzt. Heute werden Pferde vor allem als Sport- und Freizeitpartner geschätzt. All dies ist und war nur möglich, weil Pferde Menschen mögen.

Nur, wenn Pferde schlechte Erfahrungen mit Menschen gemacht haben, werden sie skeptisch oder sogar ablehnend. Werden Pferde von Menschen misshandelt, z.B. geschlagen oder gewaltsam geritten, sind sie manchmal für ihr ganzes Leben geschädigt. Es wird ihnen schwer fallen, noch einmal Vertrauen zu Menschen aufzubauen.

Die Voraussetzungen für eine enge Freundschaft zwischen Pferd und Mensch sind gut: Pferde sind Vegetarier, wir sind für sie als Beute zum Glück überhaupt nicht interessant.
Daher treten Pferde uns grundsätzlich freundlich entgegen. Hat ein Pferd einen Menschen als seinen zweibeinigen Freund und Partner akzeptiert, zeigt es das deutlich. Nichts ist schöner, als von seinem Pferd mit einem freudigen Wiehern im Stall begrüßt zu werden.

Wer ist hier der Chef?

Im Umgang der Pferde untereinander gibt es eine klare Rangordnung. Diese Eigenschaft nutzen wir Menschen, um unseren nicht selten 500 Kilo schweren vierbeinigen Freunden klar zu machen, dass wir in die Rolle des Herdenchefs schlüpfen: Fürsorglich, aber unmissverständlich. Freundlich, aber auch mit klaren Ansagen. Natürlich immer und ausnahmslos gewaltfrei, aber zur Verdeutlichung auch schon mal mit einer erhobenen Stimme.

Kommunizieren wir in der Sprache der Pferde mit ihnen, werden sie verstehen, was wir von ihnen wollen, und welches Verhalten unerwünscht ist. Denn Pferde sind es gewohnt, sich in der Herde unterzuordnen und an feste Spielregeln zu halten.

Das fängt schon im Kleinen an: Versucht ein Pferd seinen Kopf an dir zu scheuern, so solltest du dies mit einem klaren „Nein" unterbinden. Das Pferd bringt damit zum Ausdruck, dass es dich nicht als ranghöher wahrnimmt. In der Herde scheuern sich Pferde nur an rangniedrigeren Tieren – oder an einem Baum. Stimmt die Kommunikation, reichen oft allerkleinste Gesten, um sich mit dem Pferd zu verständigen. Dieses Höchstmaß an Vertrauen und Folgsamkeit nennt man Harmonie – oder einfach „Glück pur".

Die Ernährung

Fressen? Immer!

Die Vorfahren unserer Hauspferde lebten in der kargen Steppe. Dort waren sie den Großteil des Tages mit der Nahrungsaufnahme beschäftigt. Bis zu 19 Stunden am Tag frisst ein Pferd in der freien Natur. Es nimmt stets nur kleine Mengen zu sich, diese aber dafür kontinuierlich.

Beobachte Pferde mal auf der Weide. Schnell wirst du feststellen, dass der Kopf fast immer unten ist. Sie fressen, sind auf der Suche nach den leckersten Kräutern oder Grashalmen.

Das stellt uns bei der Stallhaltung von Pferden vor besondere Herausforderungen: Ein im Stall gehaltenes Pferd muss mehrmals am Tag gefüttert werden. In der Regel bekommt ein Reitpferd zweimal am Tag Heu, und dreimal Kraftfutter. Eine ziemlich zeitraubende Angelegenheit für den Stallbetreiber.

Einfacher ist es da im Sommer auf der Weide: Hier gibt es viel leckeres Gras, so dass die Pferde den ganzen Tag fressen können. Doch Achtung: Zuviel frisches Gras kann schädlich sein. Gerade am Anfang der Weidesaison muss die Futterumstellung behutsam vorgenommen werden.

Pferde sind Vegetarier

Hast du schon mal darüber nachgedacht, was das genau bedeutet? Klar: Pferde fressen kein Fleisch. Die starken und großen Tiere leben ausschließlich von Raufutter, Kraftfutter und Saftfutter. Deshalb sind die Mengen, die sie davon vertilgen, beachtlich. Achte mal darauf: Selbst kleine Reitställe haben meistens eine Scheune nur für Futter. Heu-und Strohballen sowie das Hafersilo benötigen viel Platz. Ebenso der Misthaufen: Denn wer viel ballaststoffreiches Futter frisst, scheidet auch viel aus, was entsorgt werden muss.

Zum **Raufutter** zählen vor allem Heu und Stroh, das sind echte Sattmacher. Unter **Kraftfutter** versteht man energiehaltiges Futter wie Hafer, Müsli oder Pellets. Müsli und Pellets bestehen aus einer Mischung von Getreide, oft angereichert mit Vitaminen und Mineralien. **Saftfutter** ist aus Pferdesicht wohl immer ein Hochgenuss: Dazu zählen die überaus beliebten Möhren und Äpfel und das Gras. Eben alles, was schön saftig ist.

Kleiner Magen, langer Darm

Der Darm eines ausgewachsenen Warmbluts ist rund 24 Meter lang. Der Magen hingegen ist richtig klein: Er fasst nur rund 15 Liter. Wäre der ganze Darm gefüllt, würden bis zu 200 Liter dort hineinpassen. Das alles spricht für eine langsame, in viele Abschnitte aufgeteilte Verdauung, wie sie typisch ist für reine Pflanzenfresser. Zum Vergleich: Reine Fleischfresser wie z.B. Katzen haben einen recht kurzen Darm und verdauen ihre Beute relativ rasch.

Ein Pferd kann keine großen Portionen auf einmal fressen. Eine Riesenportion würde schlicht nicht in den Magen passen. Und kotzen können Pferde entgegen dem Sprichwort tatsächlich nicht: Der einzige Weg, auf dem das Futter den Pferdekörper wieder verlassen kann, ist über den Darm.

Magen und Darm eines Pferdes sind recht empfindlich. Auf verdorbenes, zu viel oder zu wenig Futter, sowie unregelmäßige Fütterung reagieren Pferde manchmal mit einer Kolik. Diese Bauschmerzen können sehr heftig werden, im schlimmsten Fall kann es zu einer Darmverschlingung kommen, die für Pferde tödlich sein kann. Achte deshalb sehr genau darauf, dem Pferd kein schimmeliges oder fauliges Futter zu geben!

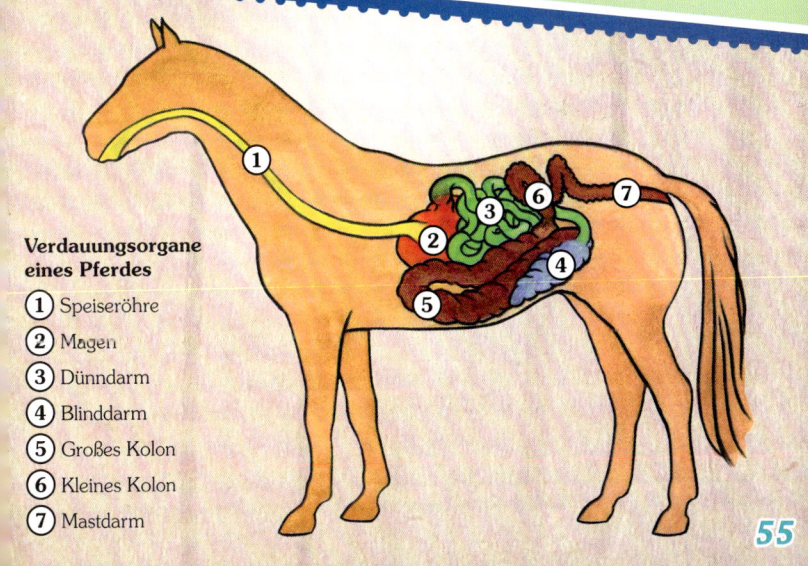

Verdauungsorgane eines Pferdes

1. Speiseröhre
2. Magen
3. Dünndarm
4. Blinddarm
5. Großes Kolon
6. Kleines Kolon
7. Mastdarm

Ein Festmahl: Gutes Heu

Heu ist geschnittenes Gras, das mindestens 6 Wochen lagern muss, bevor man es verfüttert. Hochwertiges Heu sollte die Grundlage jeder Pferdefütterung bilden. Heu macht Pferde satt, es enthält viele Vitamine und Mineralien. Das langsame und scheinbar genussvolle Kauen von Heu ist eine echte Dauerbeschäftigung für die Pferde.

Hast du eine Ahnung, wieviel Heu ein Pferd fressen sollte? Die Grundregel besagt, dass ein Pferd pro 100 Kilo Gewicht 1 bis 1,5 Kilo Heu fressen sollte. Das entspricht bei einem ausgewachsenen Warmblut, das 500 Kilo auf die Waage bringt, 5 bis 7,5 Kilo Heu pro Tag. Das ist ein Riesenberg!

Heu ist recht leicht, was dazu führt, dass man sich leicht irrt, was die Menge angeht. Bist du unsicher, stelle dich als Test mit einem gefüllten Heunetz auf die Waage. Möglicherweise sind das nur 2 Kilogramm?

Heu wird in der Regel mit gesenktem Kopf vom Boden gefressen, das entspricht der natürlichen Fresshaltung des Pferdes auf der Weide am ehesten.

Achte darauf, dass du nur staub- und schimmelfreies Heu fütterst! Graues, muffig riechendes Heu darfst du auf keinen Fall verwenden.

Kraftfutter für Sportler

Freizeitpferde, die nur leicht arbeiten, kommen in der Regel mit gutem Heu als Grundfutter und etwas Mineralfutter als Ergänzung aus. Je mehr die Pferde jedoch arbeiten, desto mehr Energie benötigen sie. Kraftfutter muss dann auf dem Speiseplan stehen.

Kraftfutter, das ist meistens Hafer. Diese Getreideart ist sehr energiehaltig und gut bekömmlich für das Pferd. Oft wird zusätzlich oder anstelle des Hafers eine Müslimischung oder Pellets gefüttert.

Kraftfutter muss aufgrund des kleinen Pferdemagens in zwei bis vier Portionen pro Tag aufgeteilt werden. Die Menge des Kraftfutters hängt davon ab, wie stark das Pferd arbeitet. Bei durchschnittlicher Arbeit benötigt ein Pferd 0,5 bis 1 Kilo Kraftfutter pro 100 Kilo Körpergewicht. Das entspricht einer Menge von 2,5 bis 5 Kilo Kraftfutter bei einem 500 Kilo schweren Warmblut.

Köstlich: Frisches Saftfutter

Äpfel! Möhren! Gras! Saftig und soo lecker! Saftfutter gehört auf den Speiseplan eines jeden Pferdes. Es ist vitaminhaltig und wichtig für ein gesundes Abwehrsystem.

> Zu viel Gras kann auch gefährlich werden, z.B. für kleinere Ponys, die nicht so viel Futter benötigen. Dann kann ein Maulkorb helfen, die Portionen klein zu halten.

Man unterscheidet übrigens leichtfutterige und schwerfutterige Pferde. Leichtfutterig nennt man ein Pferd, wenn es mit wenig Futter auskommt. Vor allem robuste Rassen wie Haflinger, Norweger oder Islandpferde stammen ursprünglich aus bergigen, kargen Regionen. Daher neigen diese Rassen, wie auch viele Ponys, leicht zu Übergewicht. Als Pferdefreund muss man aufpassen, dass diese Pferde nicht zu viel fressen, denn zu viele Kilos können wie bei uns Menschen ungesund sein. Als schwerfutterig hingegen bezeichnet man jene Pferde, die viel Futter benötigen, und trotzdem nicht dick werden. Das sind in der Regel vor allem große Rassen.

Viel frisches Wasser

Eine Weide mit einem Gebirgsbach – das wäre ideal für die Wasserversorgung des Pferdes. Denn Pferde brauchen viel frisches Wasser. Je wärmer es ist, und je mehr sich ein Pferd anstrengt, desto höher ist sein Bedarf an Frischwasser. Zwischen 40 und 70 Liter Wasser trinkt ein durchschnittlich großes Pferd im Sommer am Tag.

Natürlich hat nicht jede Weide einen eigenen Bach. Dann muss Wasser in Gefäßen bereitgestellt werden. Das können zum Beispiel Fässer oder Wannen sein. Es ist sehr wichtig, darauf zu achten, dass diese Gefäße immer gefüllt und nicht verunreinigt sind.

Im Stall sorgen in der Regel automatische Tränken für frisches Wasser zum Saufen. Achte darauf, dass diese Tränken nicht verstopft sind. Im Winter können Wassertränken einfrieren, dann muss das Pferd aus Eimern getränkt werden. In manchen Reitställen sind die Tränken daher beheizt.

Die meisten Pferde lieben Malzbier, denn es ist schön süß. Aufgrund des hohen Zuckergehalts sollte man es jedoch nur in Ausnahmefällen geben, es sei denn es handelt sich um Hochleistungspferde oder trächtige Stuten.

Leckerchen zur Belohnung

„Ich mag dich!" oder „Heute hast du deine Sache besonders gut gemacht" – als Ausdruck von Lob und Liebe darf es ein besonderes Leckerchen sein. Willst du dein Pferd glücklich machen, dann gib ihm Möhren. Auch Äpfel, Bananen oder ab und zu mal eine Birne stehen hoch im Kurs.

Auch Brot eignet sich als Belohnungsfutter. Es muss komplett getrocknet sein. Getrocknetes Brot bewahrst du am besten in einer Papiertüte auf, in einer Plastiktüte würde es schimmeln.

Im Reitsportgeschäft werden Leckerwürfel in vielen Formen und Geschmacksrichtungen angeboten. Ganz billig sind die nicht. Leckerwürfel sind wie Bonbons für uns Menschen: Ein bis zwei pro Tag dürfen es sein, mehr aber bitte nicht.

Willst du die Leckerchen aus der Hand füttern, achte darauf, dass die Finger flach gestreckt sind und der Daumen angelegt ist. Sonst kann vor lauter Freude über die kleine Köstlichkeit schon mal dein Finger zwischen die Pferdezähne geraten.
Und das tut weh!

Ruhe bei und nach dem Füttern

Ein Jagdtier verschlingt seine Beute hastig und kann danach sofort weiterrennen. Ganz anders bei Pferden: Sie brauchen Ruhe bei den Mahlzeiten und vor allem eine Pause nach der Fütterung.
Im Stall sollte Ruhe herrschen, wenn es Futter gibt. Es ist wichtig, dass das Pferd durch Kauen viel Speichel bildet, denn durch den Speichel wird das Futter für die Verdauung vorbereitet.

Eine unruhige Atmosphäre überträgt sich auf das Pferd, das dann möglicherweise das Futter verschlingt. Das kann zu schmerzhaften Verdauungsproblemen führen.

Wenn du reiten willst, achte unbedingt darauf, dass das Pferd nicht direkt vorher gefressen hat. Eine Stunde Pause nach der Fütterung muss sein! Du selbst findest es sicherlich auch nicht besonders toll, mit vollem Magen Sport zu machen. Also sei fair und gönne dem Pferd diese Ruhezeit.

Achtung giftig!

Pferde wissen in der Regel sehr genau, welches Futter sie meiden sollten. Doch vor allem auf der Weide oder auf einem Ausritt können sie aus Unachtsamkeit schon mal an einen schädlichen Stängel geraten.

Manche Pflanzen machen Pferde sehr krank, einige wirken sogar tödlich. Deshalb ist es wichtig, dass du Pferde nie an unbekannten Halmen knabbern lässt! Zu den giftigen Pflanzen zählen zum Beispiel Fingerhut, Farn oder Efeu, aber auch Sträucher wie der gelb blühende Ginster oder sogar Bäume, z.B. die Eibe, sind sehr giftig für Pferde.

Im Stall gilt es vor allem, Verunreinigungen des Futters zu vermeiden. Futterreste wie Haferkörner oder Müsli sollten nicht auf dem Boden herumliegen. Das wäre ein gefundenes Fressen für Mäuse und Ratten, und die können schnell zur echten Plage im Stall werden. Mit Mause- oder Rattenkot verunreinigtes Futter kann schwerwiegende Krankheiten beim Pferd zur Folge haben. So steht beispielsweise Rattendreck im Verdacht, eine schwere Art von Augenentzündung zu verursachen.

Wie du Pferde unterscheiden kannst

Vorhand

1. Schopf
2. Ganaschen
3. Nüstern
4. Mähne
5. Hals
6. Widerrist
7. Schulter
8. Brust
9. Ellenbogenhöcker
10. Unterarm
11. Vorderfußwurzelgelenk
12. Röhrbein

Der Körperbau

Kein Pferd ist wie das andere. Aber alle haben etwa den gleichen Körperbau. Wer mit Pferden umgehen will, sollte genau darüber Bescheid wissen.

Mittelhand
⑬ Bauch
⑭ Flanke

Hinterhand
⑮ Kruppe
⑯ Schweifrübe
⑰ Schweif
⑱ Oberschenkel
⑲ Knie
⑳ Unterschenkel
㉑ Sprunggelenk
㉒ Fessel
㉓ Huf

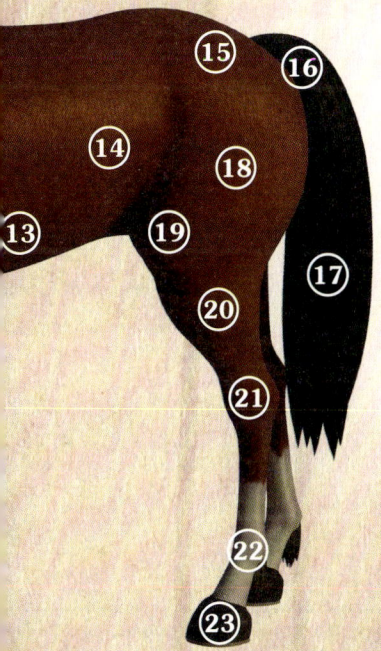

Schaue dir auch einmal ein echtes Pferd an, und versuche, die verschiedenen Begriffe wie hier zuzuordnen.

Pferd oder Pony?

Manchmal erkennt man es auf den ersten Blick: Das kleine Shetlandpony zählt natürlich zu den Ponys, und das riesige Brauereipferd zu den Großpferden. In anderen Fällen kann die Zuordnung schon schwieriger werden.

Grundsätzlich gilt: Pferde mit einem Stockmaß bis 1,48 m zählen zu den **Ponys**. Pferde ab einer Größe von 1,49 m gehören zu den **Großpferden**. Diese Unterscheidung ist vor allem für Pferde wichtig, die auf Turnieren starten, denn dort gibt es eigene Klassen für Ponys und Großpferde.

Das **Stockmaß** gibt die Höhe des Pferdes am Widerrist wieder. Gemessen wird also genau an der Stelle, an der der Hals in den Rücken übergeht. Dabei ist der Begriff „Stockmaß" wörtlich zu verstehen: Gemessen wird mit einem Stock vom Boden aus.

Die Größenunterschiede bei Pferden können enorm sein. Die kleinen Zwergponys sind gerade einmal einen halben Meter groß. Das englische Shire Horse ist mit bis zu 2 Metern so hoch, dass selbst ein erwachsener Mensch nicht über seinen Rücken schauen kann.

Stute, Hengst oder Wallach?

Eine weitere naheliegende Unterscheidungsart ist das Geschlecht der Pferde. Weibliche Pferde nennt man **Stuten**, männliche Pferde **Hengste**. **Wallache** sind kastrierte Hengste, sie können also keine Nachkommen mehr zeugen.

Die meisten männlichen Pferde, die in Reitställen gehalten werden, sind **Wallache**. Meist werden Sie im Alter von etwa 2 Jahren kastriert. Bei dieser kleinen Operation werden ihnen die Hoden entfernt. Danach produziert ihr Körper deutlich weniger männliche Sexualhormone, das hengsttypische Imponiergehabe nimmt ab. Die Wallache sind dann umgänglicher bei Kontakt mit Artgenossen und Menschen.

Hengste findet man eher selten in einem Reitbetrieb. Sie sollten nur von sehr erfahrenen Pferdehaltern geritten werden, denn sie sind häufig temperamentvoll und wollen den Stuten im Stall imponieren.

Rappe, Brauner und Fuchs

Hast du eine Lieblingsfarbe bei den Pferden? Schön sind sie ja alle, ob Rappe, Schimmel, Fuchs, Brauner, Falbe, Isabelle, Schecke... Hier einige Tipps, wie du die Farben auseinander halten kannst.

Ein Brauner

Pferde mit braunem Fell und schwarzer Mähne sowie schwarzem Schweif nennt man **Braune**. Es gibt Dunkelbraune und Hellbraune, doch bei beiden sind Schweif und Mähne schwarz.

Rappen sind immer komplett schwarz. Sowohl das Fell, als auch das Langhaar, also Mähne und Schweif, dürfen keinen anderen Farbton aufweisen.

Jetzt wird es etwas komplizierter: Hat ein Pferd einen braunen Schweif und eine braune Mähne, und ist sein Fell auch braun, dann handelt es sich um einen **Fuchs**. Je nach Farbton spricht man hier von Goldfüchsen oder von Dunkelfüchsen. Der Braunton ihres Fells geht etwas ins Rötliche. Schweif und Mähne sind bei Füchsen manchmal etwas heller als das restliche Fell.

Schimmel, Falben, Isabellen

Keine Frage: Weiße Pferde, die nennt man **Schimmel**. Doch wusstest du, dass sie meistens mit dunklem Fell geboren werden? Im Laufe der Jahre wird ihr Fell immer weißer. Es gibt aber auch Schimmelarten, die selbst im Alter nicht vollständig weiß werden. So ist bei einem Grauschimmel das weiße Fell gleichmäßig mit grauen Haaren durchsetzt. Ein Apfelschimmel hat ein besonders interessantes Fell: Graue, ungefähr apfelgroße Flecken verteilen sich über den ganzen Körper.

Ein Schimmel

Auch Isabellen und Falben gehören zu den Pferdearten mit hellem Fell. **Isabellen** haben ein cremefarbenes Fell; auch Mähne und Schweif sind hell. Bei **Falben** ist das Fell ebenfalls cremefarben, jedoch ist ihr Langhaar schwarz.

Manche Pferde werden gerne als „bunt" bezeichnet. Genau genommen handelt es sich dabei um Schecken, also um Pferde mit unterschiedlich großen Farbflecken. Scherzhaft werden sie von ihren Besitzern auch manchmal als „kariert" bezeichnet.

Das Alter bestimmen

Pferde können 20 Jahre und älter werden. Viele Ponys werden sogar 30 bis 35 Jahre alt. Das Alter eines Pferdes zu bestimmen, ist nicht immer einfach. Ein Fohlen wird man auf den ersten Blick erkennen, und auch ein sehr altes Pferd weist deutliche Merkmale auf. Im Alter bilden sich über den Augen Höhlen, möglicherweise wird ein Teil der Haare grau. Manche Knochen, wie zum Beispiel die Gesichtsknochen oder die Hüfthöcker, sind im Alter sichtbarer, denn die umliegende Muskulatur nimmt nach und nach ab. Ob ein Pferd jedoch 10, 12 oder 14 Jahre alt ist, ist schwer von außen zu erkennen. Hier hilft oft nur ein Blick in die Papiere des Pferdes, in denen auch das Geburtsdatum der Pferde eingetragen ist. Experten bestimmen das Alter eines Pferdes nach einem Blick ins Maul. Anhand der Anzahl und des Zustands der Zähne können Tierärzte das Alter ziemlich genau bestimmen.

Hast du gewusst, das erwachsene Stuten 36 Zähne haben, Wallache und Hengste hingegen bis zu vier Zähne mehr? Hierbei handelt es sich um die männlichen Hakenzähne, die sich in der Mitte von Ober- und Unterkiefer zwischen den vorderen Schneide- und den hinteren Backenzähnen befinden.

Abzeichen an Kopf und Beinen

Jedes Pferd ist anders! Unverwechselbare Kennzeichen sind zum Beispiel die oft auffälligen Abzeichen am Kopf. Am bekanntesten ist wohl die Blesse, ein länglicher heller Fellstreifen, der zwischen den Augen beginnt und bis auf die Höhe der Nüstern reichen kann. Bei einem kleinen Abzeichen zwischen den Augen spricht man je nach Form von Flocke oder Stern.

Im Pferdepass sind alle Abzeichen, die ein Pferd besitzt, auf einer Skizze eingezeichnet.

Helle Fellstellen gibt es auch an den Beinen. Die Größe und Anzahl der Abzeichen kann unterschiedlich ausfallen. Bei manchen Pferden ist nur der Kronrand vorne direkt über dem Huf weiß, bei anderen nur der Ballen hinten über dem Huf. Häufig ist das Fell vom Huf bis oberhalb des Fesselgelenks hell, dann spricht man von einer weißen Fessel. Die weißen Stellen am Bein sind oft empfindlicher als die dunklen. Das hängt mit den Pigmenten in der Haut zusammen. Du solltest sie ordentlich putzen, damit dort keine Hautkrankheiten entstehen.

Brandzeichen

Pferde, die aus einer anerkannten Zuchtlinie stammen, werden bei den jeweiligen Zuchtverbänden registriert. Damit man sie eindeutig unterscheiden kann, erhalten sie Zuchtpapiere und ein Brandzeichen. Das Brandzeichen wird den Pferden schon im Fohlenalter in das Fell eingebrannt, so kann es nicht zu Verwechselungen kommen.

Das Brandzeichen besteht aus dem Wappen des Zuchtgebietes, dem das Fohlen angehört, sowie einem Nummernbrand zur besseren Identifizierung. Bekannte Brandzeichen sind zum Beispiel das geschwungene H des Hannoveraner Zuchtverbandes, das überdachte W des Westfälischen Stammbuches oder ein OX für einen Arabisches Vollblut.

In Deutschland befinden sich die Brandzeichen auf dem linken Hinterbein, in einigen anderen Ländern am Hals des Pferdes. Pferden, die nach 2012 geboren wurden, wird zusätzlich ein Mikrochip unter die Haut am Mähnenkamm eingepflanzt. Dieser enthält eine eindeutige Nummer. Tierärzte besitzen ein Lesegerät, um diese Nummern zu erkennen.

Die drei Grundgangarten

Die meisten Pferde bewegen sich in drei Gangarten fort: im Schritt, Trab und Galopp.

Im **Schritt** bewegt das Pferd seine Beine im Viertakt, und zwar gleichzeitig, aber nicht gleichseitig. Der Schritt ist eine bequem zu sitzende Gangart, sie ist schwunglos. Es ist immer mindestens ein Bein auf der Erde.

Anders der **Trab.** Hier bewegen sich die diagonalen Beinpaare im Zweitakt, dazwischen gibt

Ein Pferd im Trab

es einen Moment der freien Schwebe. Die Schwebephase ist der Grund dafür, dass der Trab eines Pferdes oft sehr elegant aussieht. Der Trab ist im Vergleich zum Schritt eine schwungvolle Gangart. Reiteinsteiger finden Trabtritte oft unbequem.

Der **Galopp** ist die schnellste Gangart. Mit einem Galoppsprung legt ein durchschnittlich großes Pferd rund drei Meter zurück. Die energischen Sprünge erfolgen im Dreitakt. Auch hier schwebt das Pferd einen Moment lang. Das ist beim Springreiten genau jener Augenblick, in dem das Pferd über das Hindernis springt.

Ein Pferd im Galopp

Fünf Gänge: Tölt und Pass

Sogenannte Gangpferde verfügen neben den drei Grundgangarten Schritt, Trab und Galopp über zwei weitere Gangarten: den Tölt und den Pass.

Islandpferde

Islandpferde zum Beispiel können tölten und Pass gehen. Der Pass ähnelt dem Schritt, allerdings werden hier die gleichseitigen Beinpaare nicht versetzt, sondern gleichzeitig bewegt. Falls es dir schwerfällt, dir dies vorzustellen, denke an Kamele. Die bewegen sich auch im Pass, wenn man auf ihnen sitzt, fühlt es sich schauklig an.

Der Pass ist nicht unbedingt eine langsame Gangart. Manche Islandpferde beherrschen auch den sogenannten Rennpass, mit dem man sehr schnell unterwegs ist.
Die Gangart Tölt ist ein Viertakt ohne Schwebephase, bei dem das Pferd abwechselnd ein oder zwei Hufe auf dem Boden setzt. Viele, vor allem ältere Reiter, finden den Tölt sehr bequem zu sitzen. Durch das Fehlen der Schwebephase sitzt der Reiter, anders als im Trab oder Galopp, fast ohne Erschütterungen auf dem Pferderücken.

Die Pferderassen

Das Kaltblut

Sie sind leider selten geworden. Noch vor 100 Jahren war das ganz anders. Damals gab es mehr Kaltblut- als Warmblutpferde. Die schweren Kaltblüter arbeiteten auf dem Feld, im Wald und vor der Kutsche.

Heute werden sie in einigen Ländern als Fleischlieferanten gezüchtet. In anderen gibt es Liebhaber, die die gutmütigen Dicken als Freizeitpferde schätzen. Einige von ihnen arbeiten als Brauereipferde oder als Holzrückpferde im Wald. Vor der Kutsche

Ein Shire Horse

machen sie einen imposanten Eindruck. Ihre Zugkraft und ihr Geschick sind beeindruckend. Seitdem Kaltblüter von Traktoren ersetzt wurden, sind einige Rassen vom Aussterben bedroht. Zum Glück finden das englische **Shire Horse**, die hübschen **Schwarzwälder Füchse**, das **Süddeutsche Kaltblut** oder das französische **Percheron-Pferd** heute wieder zunehmend Liebhaber. Letztere schätzen diese seltenen Schönheiten als gemütliche Reit- oder kraftvolle Kutschpferde.

Übrigens:
Mit der Körpertemperatur hat die Bezeichnung Kaltblut nichts zu tun. Die liegt bei Pferden aller Rassen bei 38 Grad Celsius. Die Eigenschaft „kalt" bezieht sich auf das Temperament, denn die schweren Riesen sind einfach ruhig und „cool".

Das Warmblut

Die meisten im Reitsport eingesetzten Pferde zählen zu den Warmblütern. Man findet sie gleichermaßen im Dressur-, Spring- und Vielseitigkeitssport. Auch als Freizeitpartner erfreuen sie sich großer Beliebtheit. Warmblutrassen wie das **Trakehner Pferd**, das **Holsteiner Pferd** oder das **Hannoveraner Pferd** blicken auf eine lange Geschichte zurück.

Ein Hannoveraner

Im Laufe der Zeit hat sich die Zucht dieser Rassen immer weiter entwickelt. Das Ergebnis ist ein modernes Reitpferd, das sehr gelehrig, leistungsfähig und umgänglich gegenüber dem Menschen ist. Die Erfolge der modernen Warmblutzucht im internationalen Sport sind beachtlich. Vor allem unter den Pferden aus deutschen Zuchtgebieten gibt es viele Welt- und Olympiasieger.

Legendär ist die **Hessenstute Halla**, die mit ihrem Reiter Hans Günter Winkler mehrmals olympisches Gold gewann. So auch bei den olympischen Spielen 1956 in Stockholm, als Halla ihren schwer verletzten, vor Schmerzen benommenen Reiter fehlerfrei durch den Parcours und damit zum Sieg trug. Halla wurde 34 Jahre alt, sie war eine Kämpferin und ein ganz besonderes Pferd.

Das Vollblut

Vollblüter sind vor allem eines: sehr schnell. Vollblutrassen wie das **Englische Vollblut** werden ohne Beimischung anderer Rassen – man sagt in „Reinzucht" – ausschließlich auf Schnelligkeit gezüchtet. Als Rennpferde sind die feingliedrigen, mittelgroßen Pferde sehr erfolgreich.

Ein Arabisches Vollblut

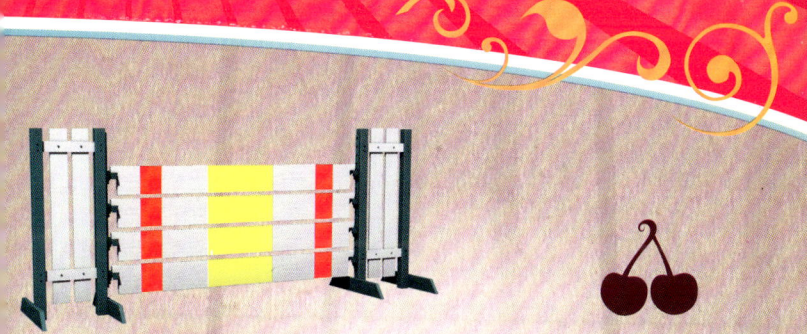

Die älteste Vollblutrasse der Welt ist das **Arabische Vollblut**. Es wird im Distanzsport eingesetzt, eignet sich für Liebhaber dieser edlen Rasse aber ebenso als anhängliches und sehr schlaues Freizeitpferd.
Die oft temperamentvollen und hochintelligenten Vollblüter findet man in Reitschulen eher selten. Sie gehören in erfahrene Reiterhände, denn sie sind sehr sensibel. Sie benötigen viel Bewegung und feste Bezugspersonen, Langeweile tut ihnen nicht gut.

Schwarze Schönheiten

Sie sind wild, schwarz, schön, massig und elegant. Mit ihrer langen, oft lockigen Mähne, ihrem üppig wehenden Schweif und ihrem lackschwarzen Körper entsprechen die **Friesenpferde** dem Schönheitsideal vieler Menschen.

Lange Zeit war diese niederländische Pferderasse vom Aussterben bedroht, heute ist die Nachfrage groß. Der Friese ist ein echtes Modepferd geworden. Friesenpferde ziehen Kutschen und eignen sich als Freizeitpferd. Obwohl sie einen schweren Körper haben, machen sie als Dressurpferd in den kleineren Klassen eine gute Figur. Friesen sind lernwillig und ehrgeizig, mit etwas Geduld kann man ihnen schwierigere Lektionen oder Zirkuskunststücke beibringen.

Ein Friesenpferd

Wer Verantwortung für einen Friesen übernimmt, sollte eine Extraportion Zeit mitbringen: Seine dichten Fesselbehänge müssen jeden Tag gut gepflegt werden, damit keine Mauke (das ist eine häufige und sehr hartnäckige Hautkrankheit) entsteht.

Fröhliche Blondschöpfe

Haflinger haben viele Fans. Mit ihrem fröhlichen Wesen und ihrem attraktivem Äußeren begeistern sie Reitfreunde in aller Welt. Sie sind vielseitig nutzbar und lassen sich sowohl von Kindern als auch von Erwachsenen reiten. Als Ausreit- oder Wanderreitpferd eignen sie sich aufgrund ihrer Trittsicherheit perfekt. Auch im Dressurviereck machen sie eine gute Figur.

Haflinger

Viele Haflinger springen sehr gerne. Natürlich kann man von den 1,30 bis 1,45 Meter großen und kompakten Kleinpferden nicht dieselben Leistungen erwarten wie von einem Warmblut. Auf Turnieren mischen sie aber immer öfter in den Einsteigerklassen auf den vorderen Plätzen mit. In der Haltung sind Haflinger recht anspruchslos. Ursprünglich stammen sie von den kargen Bergwiesen Tirols, wo sie mit wenig auskommen mussten. Haflinger eignen sich sehr gut für eine robuste Haltung im Offenstall, sie kommen gut mit den unterschiedlichen Witterungen klar.

Haflinger haben einen ausgeprägten Charakter. Sie wissen genau, was sie wollen – und was nicht. Der Hafi-Dickkopf erfordert eine gewisse Durchsetzungsstärke beim Reiter. Für Reitanfänger eignen sie sich daher nicht unbedingt. Hat man ihr Herz jedoch gewonnen, ist das in der Regel der Beginn einer lebenslangen Freundschaft.

Englische Ponyrassen

In England ist der Reitsport bei Kindern sehr beliebt. In ländlichen Gebieten halten viele Familien Pferde und Ponys direkt an ihrem Haus. Kinder sitzen oft auf dem Pferderücken, sobald sie laufen können.

Das **Dartmoor Pony** ist ein typisches Einsteigerpony. Es stammt aus dem südenglischen Hochmoor und ist wegen seines zwar temperamentvollen, aber auch sensiblen Wesens und seiner handlichen Größe von rund 1,20 Meter weit verbreitet. Wie alle Ponys ist auch das Dartmoor Pony manchmal etwas stur. Das ist gar nicht so schlecht, denn dadurch lernen die kleinen Reiter früh, wie wichtig es ist, sich durchzusetzen.

Das **New Forest Pony** ist etwas größer. Es kann bis zu 1,48 Meter groß werden und wirkt wie ein schickes kleines Reitpferd. Es ist leistungsbereit und eifrig, und eignet sich für viele reitsportliche Aktivitäten.

Auch von den Britischen Inseln stammt das kleinwüchsige **Shetland-Pony**. Shetties werden selten größer als einen Meter, doch ihr Charakter ist großartig: Sie sind so gelehrig, dass man ihnen Kunststücke beibringen kann. Außerdem sind sie überaus stark, sie können sogar eine kleine Kutsche ziehen.

Ein Shetlandpony

Amerikanische Pferderassen

Bei Pferden aus den USA denkt man natürlich sofort an den Wilden Westen. Ein echtes Cowboy-Pferd ist das **American Quarter Horse**. Es ist schnell und stark, freundlich und intelligent. Sein Körper ist kompakt, mit einer kräftigen Hinterhand. Aufgrund seiner Wendigkeit eignet sich das Quarter Horse hervorragend für die Arbeit mit Rindern.

American Quarter Horses

In den USA gibt es mehr als zwei Millionen Quarter Horses, in Europa noch einmal rund 850.000. Wenn du einmal die Gelegenheit hast, ein Westernturnier zu besuchen, wirst du staunen, wie schnell ein Quarter beschleunigen, und wie schnell es wieder anhalten kann.

Übrigens, hast du das gewusst: Der Name „Quarter" bezieht sich auf das in Amerika beliebte Viertelmeilen-Rennen, in denen Quarter Horses sehr erfolgreich sind.
Ganz anders das **American Saddlebred**. Es beherrscht fünf Gänge, und wird wegen seines edlen Aussehens und der oft spektakulären Bewegungen als Showpferd genutzt.

Spanische Pferderassen

Spanische Pferde zählen zu den barocken Pferderassen. Alle haben sie einen kurzen Rücken, einen recht breiten Hals und einen oft beeindruckenden Behang. Das **Andalusische Pferd** – eigentlich heißt es „Pura Raza Espanola (PRE)", also „Reine Spanische Rasse" – hat ein feuriges Temperament und gehört nicht in Anfängerhände. Unter einem erfahrenen Reiter kann es jedoch bis zur Hohen Schule, der höchsten Stufe der Pferdedressur, ausgebildet werden.

Doch was bedeutet eigentlich „Barockpferd"? Das Spanische Pferd wird nicht nur als „König der Pferde" bezeichnet, sondern auch als Pferd für Könige. Im 17. Jahrhundert, also währende der Epoche, die man als Barock bezeichnet, war das Spanische Pferde als Reitpferd unter den Adeligen weit verbreitet.

Eng verwandt mit dem Andalusischen Pferd ist der **Lusitano**. Er stammt ursprünglich aus Portugal, und wird aufgrund seiner Wendigkeit und schnellen Reaktionsfähigkeit auch beim Stierkampf eingesetzt.

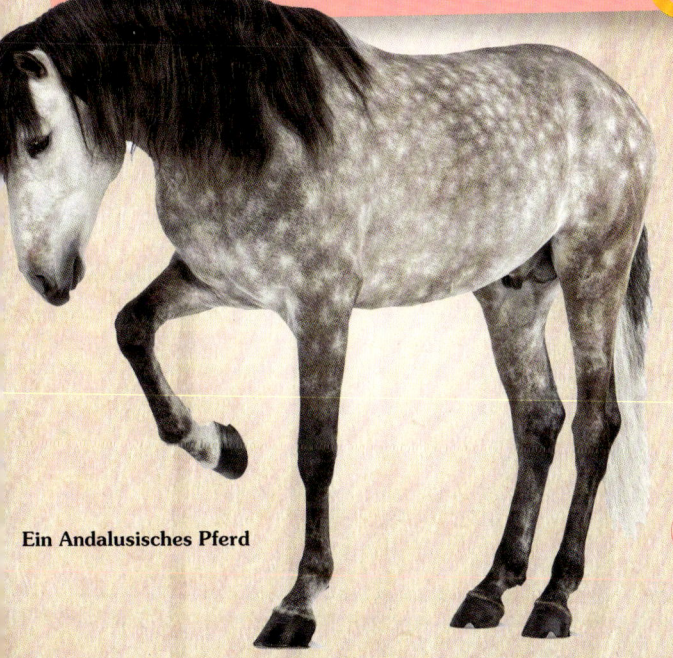

Ein Andalusisches Pferd

Bunte Pferde

Als „bunt" bezeichnet man gerne alle Arten von geschecktten Pferden. Eines von ihnen hat es zu großer Berühmtheit gebracht: Der „kleine Onkel" von Pipi Langstrumpf! Ob es sich dabei aber um einen echten Tigerschecken oder um einen Schimmel mit aufgemalten schwarzen Punkten handelt, wird wohl immer Pipis Geheimnis bleiben.

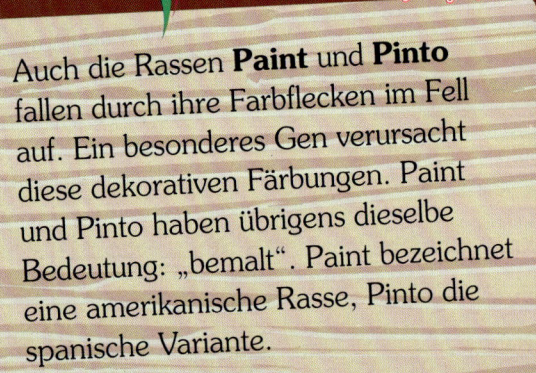

Auch die Rassen **Paint** und **Pinto** fallen durch ihre Farbflecken im Fell auf. Ein besonderes Gen verursacht diese dekorativen Färbungen. Paint und Pinto haben übrigens dieselbe Bedeutung: „bemalt". Paint bezeichnet eine amerikanische Rasse, Pinto die spanische Variante.

Falls der Kleine Onkel ein echter Schecke war, so dürfte es sich um einen **Knabstrupper** gehandelt haben. Diese dänische Rasse ist heute sehr selten geworden, es gibt Warmblüter und Mini-Ponys mit den lustigen Klecksen im Fell.

Rasse? Unbekannt!

„Papiere kann man nicht reiten", besagt eine alte Reiterweisheit. Da ist viel Wahres dran: Ob ein Pferd eine tolle Abstammung hat oder nicht, ist oft gar nicht so entscheidend. Natürlich paaren kluge Züchter mit viel Sachverstand gute Stuten mit den besten Hengsten, so dass die Nachkommen gesund und leistungsstark werden.

Als „Weideunfall" bezeichnet man hingegen ein Pferd, das zufällig, meistens vom Besitzer unbeabsichtigt, auf der Weide von einem getürmten Hengst gezeugt wurde. Diese gekreuzten „Zufallsprodukte" haben oft einen ganz eigenen Charme.

Umgekehrt ist nicht jedes Pferd aus Züchterhand ein Garant für ein langes, gesundes Leben. Gerade bei Moderassen, bei denen die Nachfrage größer ist als das Angebot, kann es vorkommen, dass geschäftstüchtige Züchter Inzucht betreiben, also verwandte Pferde anpaaren. Das Ergebnis sind dann häufig Pferde mit Gelenkproblemen oder einem nicht gewollten Verhalten. Dasselbe Problem gibt es übrigens auch bei besonders nachgefragten Hunderassen.

Die Wahl der Reitschule

Erfahrene Reiter sagen gerne: Reiten lernt man nur durch Reiten! Das stimmt, doch bevor es losgeht, kannst du einiges zur Vorbereitung tun. Hast du dich entschlossen, das Reiten von Grund auf in einer Reitschule zu lernen, so steht jetzt die Wahl der richtigen Reitschule an.

Wenn du Freunde hast, die bereits reiten lernen, so wirst du ihnen sicherlich folgen wollen. Suchst du alleine eine Reitschule, so solltest du unbedingt erst einmal mehrere Reitstunden dort zuschauen. beobachten. Gefällt dir die Atmosphäre dort am Stall? Kannst du dir vorstellen, mit den Reitlehrern zu trainieren? Und gibt es dort Ponys und Pferde, die von der Größe her zu dir passen?

Wenn du alle diese Fragen mit „Ja" beantworten kannst, solltest du noch einen Blick in den Reitstall werfen. Werden die Pferde vernünftig gehalten? Kommen Sie regelmäßig auf die Weide? Ist der Stall hell und die Einstreu in den Boxen trocken? Wenn alles gut aussieht, dann kann es jetzt richtig losgehen!

Voltigieren

Viele Kinder erlernen schon im Grundschulalter das Voltigieren, also das Turnen auf dem Pferderücken. Dabei wird die Balance auf dem Pferd auf spielerische Weise gefördert. Gute Voltigierer werden meistens später auch gute Reiter.

In vielen Reitschulen wird Voltigierunterricht angeboten. Dieser findet in der Gruppe mit ungefähr gleichgroßen Kindern statt. Ein Longenführer lässt das Pferd auf dem Zirkel gehen, die Kinder springen mit etwas Anlauf und meistens auch mit Hilfestellung vom Boden auf den Pferderücken auf. Dort machen sie im Sitzen, auf den Knien und sogar im Stehen Turnübungen wie Mühle, Quersitz, Schere oder Flanke.

Die Übungen werden zunächst im Schritt und im Stehen ausgeführt, später im Galopp. Der Trab ist keine geeignete Gangart für Volti-Lektionen, er ist zu unruhig.

Voltigierpferde sind meistens brave, große Pferde mit einer gleichmäßigen Galoppade – ein bisschen wie ein Schaukelpferd.

Longenunterricht

In Deutschland beginnt das Reitenlernen meistens an der Longe. Die Longe ist eine rund zehn Meter lange Leine, die an der Trense des Pferdes befestigt ist. Das Pferd schreitet in einem Kreis um den Reitlehrer herum. So kannst du dich angstfrei ganz auf die Bewegung des Pferdes konzentrieren, das Tempo und die Richtung regelt der Reitlehrer.

Am Anfang geht es nur darum, dass du unverkrampft den Bewegungen des Pferdes im Sattel folgst. Die ersten Runden erfolgen im ruhigen Schritt. Spannend ist es, dabei die Augen zu schließen und zu erfühlen, welches Pferdebein gerade nach vorne schreitet.

Fühlst du dich im Schritt wohl, kommen Trab und Galopp dazu. Obwohl der Galopp ohne Zweifel die schnellste Gangart ist, wirst du ihn sicherlich bequemer finden als den Trab. Gleichgewichts- und Dehnungsübungen im Sattel führen dazu, dass du der Bewegung des Pferdes immer erschütterungsfreier folgen kannst. In der Regel ist mehrwöchiger Longenunterricht erforderlich, bis du einigermaßen sicher auf dem Pferderücken sitzt.

Reiten am Führzügel

In anderen Ländern, beispielsweise in England, ist Longenunterricht eher unüblich. Dort erlernt man das Reiten am Führzügel oft im Freien und nicht in der geschützten Reitbahn. Ein erfahrener Reiter führt von seinem Pferd aus ein Führpferd, auf dem der Lernende sitzt. Das klappt dann gut, wenn sich sowohl das führende als auch das geführte Pferd gut verstehen und ein ruhiges Wesen haben.

Wenn du also die Gelegenheit hast, mit einem erfahrenen Reiter auf einem Führpferd zu reiten, solltest du diese unbedingt nutzen. Vergewissere dich aber, dass es sich um brave Pferde handelt, die diese Reitweise kennen. Die erste Schrittrunde dieser Art wird für dich bestimmt zu einem unvergesslichen Erlebnis!

Im Schritt geht es dann ab in die Natur. Durch das Reiten auf unebenem Boden lernt der Reiter den unterschiedlich großen Schritten des Pferdes geschmeidig im Sattel zu folgen. Oft trägt die entspannte Atmosphäre in der Natur dazu bei, dass Angst erst gar nicht aufkommt.

Ein Spazierritt

Es geht auch ganz gemütlich. Wenn du Glück hast, und einen netten Pferdebesitzer kennst, ermöglicht dir dieser vielleicht einen Spazierritt auf seinem Pferd. Dabei sitzt du im Sattel und der Besitzer oder ein anderer pferdeerfahrener Spaziergänger führt das Pferd am Zügel.

Eine Stunde so durch den Wald zu reiten, erfordert zwar etwas Mut, ist aber für jeden Reitanfänger ein tolles Abenteuer. Denn einerseits hat man das Gefühl, (fast) alleine zu reiten, andererseits kann man sich gewiss sein, dass der führende Spaziergänger in gefährlichen Situationen sein Pferd steuern kann.

Wenn das Reiten im Schritt sicher klappt, können die ersten Trabtritte dazugenommen werden. Jetzt muss der Spaziergänger neben dem Pferd herjoggen, um mithalten zu können. Es dürfte klar sein, dass man auf diese Art und Weise das Galoppieren nicht erlernen kann, es sei denn, bei dem Führenden handelt es sich nicht um einen Spaziergänger, sondern um einen Langstreckenläufer…

Reiten in der Abteilung

Nach den ersten Wochen an der Longe oder am Führzügel ist es soweit: Du darfst in der Abteilung mitreiten. Dein Reitlehrer wird dir sagen, wenn du soweit bist. Er muss das Gefühl haben, dass du dich einigermaßen sicher im Sattel halten kannst.

Wenn du dich selbst noch nicht sicher genug für das Reiten in der Abteilung fühlst, solltest du das sagen. Einige weitere Reitstunden an der Longe tun dir dann sicherlich gut.

Beim Reiten in der Abteilung reiten mehrere Reitschüler auf Schulpferden hintereinander her. Vorne reitet meistens ein etwas erfahrener Reitschüler, der auch die Kommandos und Hufschlagfiguren schon gut kennt.

Wenn du auf einem erfahrenen Schulpferd sitzt, wird es einfach hinter seinen Kameraden herlaufen. Das ist auch erst mal gut so, denn anfangs wird es recht anstrengend für dich sein, eine ganze Stunde in allen drei Gangarten im Sattel zu verbringen. Nach und nach wirst du sicherer werden, und auch die Bahnfiguren kennen. Dann kannst du bestimmt auch einmal die Abteilung anführen, sprich vorne an der sogenannten Tete, also der Spitze, reiten.

Einzeln reiten

Wenn du einzeln, also nicht in der Abteilung, reiten möchtest, musst du schon ganz schön gut sein. Du solltest nicht nur in allen drei Gangarten sattelfest sein, sondern dein Pferd sicher steuern können. Es dauert nicht selten Jahre, bis das wirklich gut klappt. Und vergiss nicht: Jedes Pferd ist anders! Was auf dem einen gut klappt, kann auf dem anderen zunächst in die Hose gehen.

Einzelunterricht ist in der Regel deutlich teurer als Reitunterricht in der Abteilung. Er ist aber auch viel effektiver, denn der Reitlehrer kann sich nur auf dich konzentrieren. Achtung: Guter Einzelunterricht ist immer sehr anstrengend!

Deine ersten selbstständigen Ritte außerhalb der Abteilung sollten in der Reithalle oder auf einem eingezäunten Reitplatz stattfinden. Achte darauf, dass die Atmosphäre ruhig und frei von Störfaktoren ist. Ein knatternder Traktor neben dem Reitplatz oder ein flatternder Regenschirm können möglicherweise zu dem ein oder anderen unfreiwilligen Galopp führen. Gut, wenn das Pferd in diesem Fall starke Nerven hat und auch in schwierigen Situationen gelassen reagiert.

Schritt und Leichttraben

Die erste Gangart, die du reiten wirst, ist der Schritt. Hierbei geht es recht gemütlich vorwärts. Genau das Richtige also, um sich im Sattel einzugewöhnen. Deutlich anspruchsvoller ist der Trab. Man beginnt mit dem sogenannten „Leichttraben". Hierbei bleibst du nicht durchgehend im Sattel sitzen, sondern stehst bei jedem zweiten Trabtritt leicht aus dem Sattel auf. Reitest du in der Reitbahn, so stehst du genau dann auf, wenn das

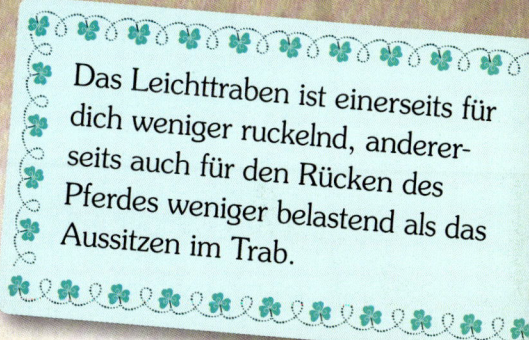

Das Leichttraben ist einerseits für dich weniger ruckelnd, andererseits auch für den Rücken des Pferdes weniger belastend als das Aussitzen im Trab.

äußere Vorderbein des Pferdes nach vorne geht. Also nimmst du wieder im Sattel Platz, wenn eben jenes äußere Vorderbein wieder nach hinten geht. Das mag anfangs recht schwierig sein, und wenn du den falschen Rhythmus erwischt, dann wird dein Reitlehrer dir sagen, dass du „auf dem falschen Fuß" leichttrabst. Nach einiger Zeit wirst du automatisch den „richtigen Fuß" erfühlen können und musst nicht mehr nach unten auf das Vorderbein des Pferdes schielen.

Der erste Galopp

Bist du bereit für mehr Speed? Dann kannst du dich ans Galoppieren wagen. Anfangs wird an einer vom Reitlehrer vorgegebenen Stelle aus dem ruhigen Trab angaloppiert. Erfahrene Reiter können auch aus dem Schritt oder sogar aus dem Stand angaloppieren. Galopp fühlt sich nicht nur rasant, sondern auch sehr schwungvoll an.

Bei den ersten Runden im Galopp hast du vielleicht das Gefühl, bei jedem Galoppsprung ein wenig aus dem Sattel gehebelt zu werden. Das ist völlig normal, und wird sich im Laufe der Zeit verbessern. Allerdings kann es einige Jahre dauern, bis dein Gesäß auch im Galopp fest am Sattel klebt.

Galopp kann man in unterschiedlichen Geschwindigkeiten reiten. In der Reitstunde wird in der Regel der Arbeitsgalopp verlangt. Hierbei legt ein durchschnittlich großes Warmblut gut drei Meter pro Galoppsprung zurück. Etwas größer fällt der Galoppsprung im Mittelgalopp aus. Noch energischer springt das Pferd im sogenannten starken Galopp. Dass Renngalopp und Jagdgalopp rasant sind, versteht sich ja von selbst.

Der erste Sprung

Ein Sprung über ein Hindernis ist eigentlich nichts anderes als ein großer Galoppsprung, bei dem das Pferd sich nicht nur nach vorne, sondern eben auch in die Höhe bewegt. Mit dem Springreiten kannst du beginnen, wenn du ein Pferd im Galopp sicher sitzen und klar dirigieren kannst.

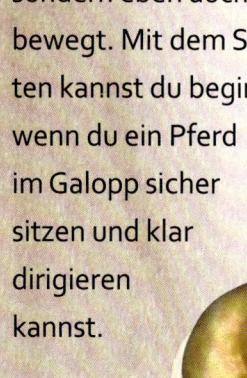

Einen einzelnen Sprung zu nehmen, ist nicht besonders schwierig. In der Regel handelt es sich dabei um ein ca. 40 Zentimeter hohes Cavaletti. Anspruchsvoller ist da schon das Reiten über eine Folge von Hindernissen. Hierbei gilt es, die Linien und Abstände zwischen den Hindernissen treffend einzuschätzen, und die Galoppsprünge gezielt zu verlängern oder zu verkürzen.

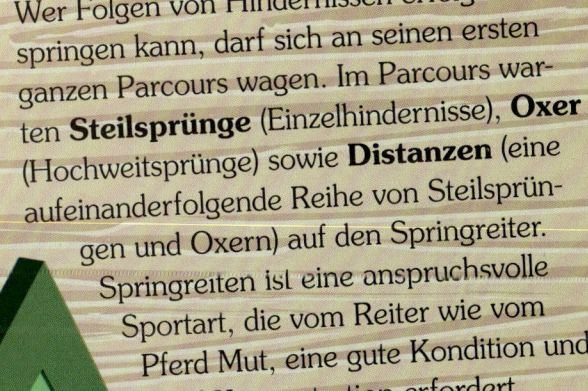

Wer Folgen von Hindernissen erfolgreich springen kann, darf sich an seinen ersten ganzen Parcours wagen. Im Parcours warten **Steilsprünge** (Einzelhindernisse), **Oxer** (Hochweitsprünge) sowie **Distanzen** (eine aufeinanderfolgende Reihe von Steilsprüngen und Oxern) auf den Springreiter. Springreiten ist eine anspruchsvolle Sportart, die vom Reiter wie vom Pferd Mut, eine gute Kondition und viel Konzentration erfordert.

Die Reitausstattung

Der Reithelm

Ohne ihn solltest du dich nie auf ein Pferd setzen. Egal, ob es heiß ist, oder das Pferd als noch so brav gilt: Es gibt viele Gründe, aus denen man vom Pferd fallen und sich am Kopf verletzen kann. Ein Reithelm schützt vor Gehirnerschütterungen und kann sogar Leben retten. Wichtig ist, dass der Helm gut sitzt.

Er darf auf dem Kopf nicht rutschen. Helme gibt es in vielen Größen, außerdem lassen sie sich durch zum Beispiel ein Stellrad noch genauer anpassen. Für die ersten Ritte reicht sicherlich ein geliehener Helm, doch auch dieser sollte perfekt passen. Beim Kauf eines eigenen Helmes solltest du darauf achten, dass es sich um eine splittersichere Kappe nach aktuellen Sicherheitsstandards handelt. Dies erkennst du an einem Schild mit der Aufschrift „EN-CE 1384", das in der Regel im Helmfutter eingenäht ist. Ein guter Helm hat eine Vierpunkt-Befestigung, das heißt, der Befestigungsriemen ist an vier Stellen an der Helmschale angebracht.

Ein Helm kann nur dann schützen, wenn der Befestigungsriemen geschlossen ist. Du solltest ihn schließen, bevor du auf das Pferd aufsitzt, nicht erst, wenn du bereits im Sattel sitzt. Umgekehrt solltest du ihn auch erst dann öffnen, wenn du wieder festen Boden unter den Füßen hast.

Die Reithose

Eine Reithose ist nicht so wichtig wie ein Reithelm. In den ersten Reitstunden geht es sicherlich auch mit einer Jeans. Die Hose sollte jedoch auf jeden Fall bequem sitzen und nicht zu dicke Innennähte haben, denn die können unangenehm scheuern. Wenn du sicher bist, dass du nach den ersten Reitstunden weiter machen möchtest, ist eine Reithose eine sinnvolle Anschaffung. Der Lederbesatz an den Knien vermeidet, dass man allzu sehr im Sattel rutscht. Eine noch bessere Haftung bieten Reithosen mit Ganzlederbesatz, der sich auch über das Gesäß erstreckt.

Man unterscheidet zwischen Stiefelhosen und Jodhpur-Reithosen. **Stiefelhosen** liegen eng am Bein an, so dass sie gut in einen Reitstiefel passen. **Jodhpur-Hosen** haben ein weites Bein, man trägt sie zu Stiefelletten. Western- und Wanderreiter tragen gerne Jodhpur-Hosen, für Dressur- und Springreiter sind Stiefelhosen die bessere Wahl. Reithosen sind recht teuer. Es lohnt sich, nach einer gebrauchten Hose Ausschau zu halten!

Reithandschuhe

Wem einmal die Zügel durch die Finger gerutscht sind, weiß, dass das schnell zu schmerzhaften Blasen führen kann. Zum Schutz der Finger solltest du auf jeden Fall Reithandschuhe tragen. Diese unterscheiden sich von einem normalen Handschuh durch Verstärkungen an den Stellen, an denen die Finger den Zügel halten.

Die Reithandschuhe solltest du nicht nur beim Reiten tragen, sondern auch beim Führen des Pferdes. Reißt dir das Pferd den Strick aus der Hand, zum Beispiel, weil es sich erschreckt, entsteht durch das Reiben des Nylons große Hitze. Schlimmstenfalls kann es zu Brandwunden kommen. Vermeide das, indem du immer Reithandschuhe trägst!

Reithandschuhe gibt es in vielen Farben und Materialien. Es empfiehlt sich, für den Sommer ein leichtes, atmungsaktives Material zu wählen. Im Winter sollten es gefütterte Handschuhe sein, denn gerade an den Händen friert man schnell auf dem Pferd. Leider haben Reithandschuhe die unangenehme Eigenschaft, schnell zu verschleißen. Vor allem an den Zügelfingern gehen sie schnell kaputt. Da hilft nur ein schneller Austausch, denn deine Finger sollten stets komplett geschützt sein.

Die Schutzweste

Zugegeben: Sie ist nicht besonders schick, man schwitzt schnell unter ihr, und manchmal fühlt sie sich auch ein bisschen unbequem an. Doch eine Sicherheitsweste kann bei einem Sturz schwere Schäden verhindern. Sie schützt die Rippen, die Wirbelsäule und das Schulterblatt.

Viele Reiter tragen beim Springen oder bei Geländeritten immer eine Weste, in der Halle oder im Dressurviereck eher nicht. Was für dich der beste Weg ist, solltest du zusammen mit deinen Eltern und deinem Reitlehrer besprechen.

Gute Schutzwesten sind nicht ganz billig. Man kann sie gut gebraucht kaufen. Bei einem Kauf sollte man darauf achten, dass die Weste der EN-Norm 13158-2009, BETA Level 3 oder der Motorradprüfnorm 1621-2, Level 2 entspricht.

Wichtig ist, dass die Schutzweste perfekt passt. Es gibt sie in vielen Größen, die meisten Westen lassen sich zusätzlich über Klettverschlüsse verstellen. Du musst jedoch darauf achten, dass die Weste nicht zu eng ist, sonst kannst du dich nicht richtig bewegen. Auch darf sie hinten nicht zu lang sein, denn sonst kann sie entweder oben am Hals oder unten am Sattel anstoßen, was sehr unbequem ist.

Reitstiefel

Mit Reitstiefeln bist du sofort als Reiter erkennbar. Doch es muss nicht unbedingt ein Stiefel sein. Stiefeletten, kombiniert mit **Chaps** oder sogenannten **Reitletten** erfüllen einen vergleichbaren Zweck. Es gibt sie aus verschiedenen Materialien: Aus Gummi, Kunstleder und natürlich aus Leder. Keine Frage: Lederstiefel sind die edelste Variante. Doch leider kostet ein guter Lederreitstiefel mehrere hundert Euro. Außerdem finden viele Reiter Stiefeletten und Chaps bequemer.

Die Vielfalt bei den Reitstiefeln ist groß: Moderne Reitstiefel haben oft einen Reißverschluss, der das Anziehen erleichtert. Ohne Reißverschluss benötigst du Stiefelanzieher zum Anziehen der Reitstiefel und einen Stiefelknecht zum Ausziehen.

Chaps

Man unterscheidet zwischen **Dressurstiefeln** und **Springstiefeln**. Ein Reitstiefel zum Dressurreiten hat oben außen am Schaft eine Verlängerung, den sogenannten „Dressurbogen", der dein Bein länger und schlanker erscheinen lässt. Springstiefel haben diesen Bogen nicht, manche Modelle sind im vorderen Bereich geschnürt.

Bist du stolzer Besitzes von Lederstiefeln, so solltest du diese nach jedem Reiten vom Dreck befreien und den Schaft mit einem Stiefelspanner in Form halten. Du solltest sie regelmäßig mit guter Schuhcreme putzen.

Die Reitgerte

Eine Reitgerte ist nicht dazu da, das Pferd zu bestrafen. Vielmehr hilft sie dem Reiter, das Pferd durch einen kleinen Klaps anzutreiben. Du solltest sie als Unterstützung deines Reitschenkels verstehen. Wenn der Druck mit dem Schenkel nicht ausreicht, ist der Einsatz der Gerte oft hilfreicher als übertriebenes Schenkelklopfen.

Eine Gerte für das Springreiten und das Reiten im Gelände sollte maximal 75 cm lang sein.

Eine Dressurgerte, mit der du gezielt die Hinterhand des Pferdes erreichen kannst, darf maximal 120 cm lang sein.

Manche Kinderreitgerten besitzen eine Schlaufe am oberen Griff. Diese soll verhindern, dass dir die Gerte beim Reiten auf die Erde fällt. Die Schlaufe kann bei einem Sturz jedoch dazu führen, dass die Gerte wie ein Schaschlik-Spieß wirkt und zu Verletzungen führt. Am besten schneidest du die Schlaufe mit einer Schere einfach ab.

Eine Putzbox

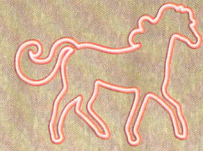

In einem gepflegten Reitstall besitzt jedes Pferd sein eigenes Putzzeug. Das ist wichtig für die Gesundheit des Fells. Pilze und Bakterien haben so keine Chance, von einem Pferd zum anderen zu wandern. Wenn du stolze Besitzerin von eigenem Putzzeug bist, solltest du die Pferdebesitzer zunächst fragen, ob du das Pferd damit putzen darfst.

Eine gefüllte Putzbox ist ein wunderbares Geschenk, das du dir vielleicht zum Geburtstag oder zu Weihnachten wünschen möchtest. Folgendes sollte sie mindestens enthalten: Einen Hufkratzer, einen Gummistriegel und eine Kardätsche. Eine Bürste für Schweif und Mähne sowie eine weiche Bürste für den Kopf sind zusätzlich sinnvoll.

Putzboxen gibt es in vielen Größen und Farben, sicherlich ist deine Lieblingsfarbe dabei. Besonders praktisch ist es, wenn die Putzbox so stabil ist, dass du dich darauf setzen kannst. Einige größere Modelle lassen sich als kleine Treppe benutzen, damit du bei einem großen Pferd auch den Kopf putzen kannst. In letzter Zeit sind auch Umhängetaschen mit Putzzeug sehr beliebt, sie nehmen weniger Platz weg und eignen sich vor allem dann besonders gut, wenn du mit dem Pferd viel unterwegs bist.

Für schlechtes Wetter

Wenn du in einer Reithalle reitest, wird dir das Wetter einigermaßen egal sein. Doch wenn du auf dem Außenplatz oder im Wald reitest, solltest du geeignete Kleidung tragen.

Eine **Regenjacke** führt immerhin dazu, dass dein Oberkörper trocken bleibt, doch deine Reithose wird schnell nass sein. Die bessere Wahl bei nassem Wetter ist ein Regenreitmantel. Er ist so lang, dass er Oberschenkel und Sattel mit abdeckt.

Gummireitstiefel

Für kaltes Wetter gibt es spezielle **Thermo- oder Softschell-Reithosen.** Sie halten die Kälte besser ab als normale Reithosen, die in der Regel aus einer Mischung von Baumwolle und Microfaser bestehen.

Übrigens: Lederreitstiefel mögen weder Nässe noch Schlamm. **Gummi- oder Kunstlederreitstiefel** sind an Schlechtwettertagen besser geeignet.

Deinem Pferd wird der Regen nicht viel ausmachen. Zum Schutz des Sattels und der empfindlichen Flanken gibt es **Regendecken**, die man bei Bedarf am Sattel befestigen kann. Mit normalen Abschwitzdecken solltest du nie ausreiten. Sie flattern und können leicht vom Pferd rutschen, so dass das Pferd sich möglicherweise erschreckt.

Besonders schick

Reitsportgeschäfte wissen genau, was Reiter schick finden. Entsprechend riesig ist das Angebot an modischer Reitkleidung für Sommer und Winter. Die Farben und Schnitte ändern sich von Saison zu Saison. Wenn du ein modischer Typ bist und auch beim Reiten auf schicke Kleidung Wert legt, wirst du hier schnell fündig werden.

Doch Vorsicht: Der Kauf trendiger Reitklamotten kann ein tiefes Loch in deine Geldbörse reißen. Außerdem solltest du beim Kauf von Reitbekleidung auch auf die Qualität achten. Glitzersteine an der Reitweste überstehen manchmal noch nicht einmal die erste Wäsche… Auch das Reiten mit Sporen gilt bei manchen als besonders schick. Doch Sporen sind kein hübsches Kleidungsstück, sondern ein Hilfsmittel beim Reiten, das nur erfahrene Reiter tragen dürfen.

Ein altes Sprichwort sagt: Sporen muss man sich verdienen. Sie gehören nur an die Füße von fortgeschrittenen Reitern, die bereits über einen guten Sitz und einen ruhigen Schenkel verfügen. In den ersten Jahren deiner Reitkarriere würdest du einem Pferd mit Sporen nur schaden.

Turnierkleidung

Du möchtest an einem Turnier teilnehmen oder planst, dein Reitabzeichen zu machen? Dann erkundige dich rechtzeitig nach der vorgeschriebenen Kleidung. In der Regel sind bei Prüfungen eine sichere Reitkappe, eine weiße oder cremfarbene Reithose und ein schwarzes oder dunkelblaues Jackett erforderlich.

Unter dem Jackett trägt man ein helles Hemd mit Stehkragen, oder man wählt einen separaten Turnierkragen, auch Plastron genannt. Jungen und Herren tragen einen hellen Schlips.

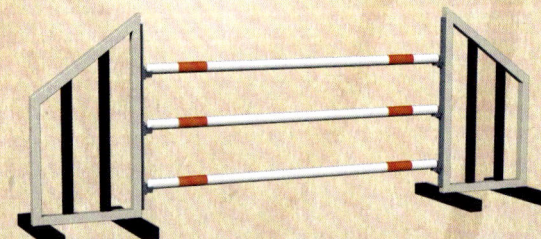

Abgerundet wird das Outfit durch weiße Reithandschuhe und Reitstiefel oder Reitletten. Es versteht sich von selbst, dass letztere blitzblank geputzt sein sollten.
Bei Geländeprüfungen ist zusätzlich das Tragen einer Schutzweste vorgeschrieben.

> Turnierkleidung kann man sich leihen oder gebraucht kaufen, das ist vor allem sinnvoll, wenn du noch wächst.

Tipps zur Pferdepflege

Hufpflege

„No hoof, no horse", sagt ein altes englisches Sprichwort. Gesunde Hufe sind Voraussetzung für das Wohlergehen eines Pferdes. Deshalb muss man der Hufpflege besondere Aufmerksamkeit schenken. Mehrmals am Tag sollten die Hufe kontrolliert und gereinigt werden.

Am besten lässt du dir das Hufeauskratzen von einem erfahrenen Reiter zeigen. Sicherlich wirst du am Anfang Hilfe dabei benötigen. Es bedarf einiger Erfahrung, einerseits gründlich genug zu arbeiten, so dass der Dreck vollständig aus dem Huf entfernt wird, ohne andererseits dabei zu grob vorzugehen.

Vor dem Reiten werden die Hufe mit einem Hufkratzer gründlich gereinigt. Dazu nimmst du das Pferdebein hoch, und kratzt den losen Dreck mit dem Metallhaken des Hufkratzers schräg entlang der Hufwände aus dem Huf. Dabei musst du besonders darauf achten, den empfindlichen mittleren Teil des Hufes, den Hufballen, nicht zu verletzen. Ihn bürstest du mit dem Bürstenteil des Hufkratzers ab.

Auch nach dem Reiten musst du alle vier Hufe gründlich auskratzen. Falls sich ein Steinchen im Huf festgesetzt hat, musst du dies auf jeden Fall entfernen. Andersfalls kann es schmerzende Druckstellen hervorrufen. Mangelnde Hufpflege kann im schlimmsten Fall sogar zur Lahmheit des Pferdes führen.

Ein glänzendes Fell

Vor dem Reiten ist ein guter Zeitpunkt, sein Pferd zu putzen. Die meisten Pferde genießen es, gebürstet zu werden. Das Bürsten ist eine Art Massage für sie. Außerdem gibt einem das Putzen die Möglichkeit zur ruhigen ersten Kontaktaufnahme.

Gummistriegel

Los geht es mit dem **Gummistriegel**. Mit ihm löst du zuerst den groben Schmutz aus dem Fell. Den Striegel kannst du an allen gut bemuskelten Stellen benutzen, nicht aber an den Beinen oder am Kopf.

Danach bürstest du mit einer **Kardätsche** den Staub aus dem Fell. Putze das Fell mit langen, ruhigen Bürstenstrichen von vorne nach hinten, also immer in Fellrichtung. In der anderen Hand hältst du den Striegel. Nach jedem Bürstenstrich streichst du die Kardätsche gründlich am Striegel ab, und klopfst den Striegel auf der Erde aus. Es versteht sich von selbst, dass man den Striegel nicht an Wänden oder Türen abstreicht, nur, weil man sich nicht bücken möchte!

Für den Kopf benutzt man meistens eine kleinere, oft auch **weichere Bürste**. Achte beim Bürsten des Kopfes darauf, dass du mit der Bürste nicht in die Augen des Pferdes gelangst.

Schweif und Mähne

Bis zu sieben Jahre dauert es, bis ein Schweifhaar nachgewachsen ist. Daher solltest du es bei der Schweifpflege unbedingt vermeiden, Schweifhaare auszureißen. Am besten ist es, den Schweif mit der Hand zu verlesen. Dabei stellst du dich hinten seitlich neben das Pferd, und greifst eine Hand voll Schweifhaar. Haar für Haar löst du die Schweifhaare dann vorsichtig vom Rest des Schweifes. Einen buschigen Schweif auf diese Art zu verlesen, kann ein Weilchen dauern. Doch der Anblick des locker herunterfallenden, nicht verknoteten Schweifhaares lohnt diese Mühe.

Wenn der Pferdebesitzer damit einverstanden ist, kannst du den Schweif auch mit einer groben Bürste durchbürsten. Bürste immer nur einen kleinen Teil des Schweifes. Gehe abschnittsweise vor, und

halte den zu bürstenden Schweifabschnitt mit der anderen Hand gut fest, damit du keine der schönen langen Haare versehentlich herauszupfst. Stell dir vor, du würdest an deinem eigenen Kopf einen langen Zopf bürsten!

Ist der Schweif stark verknotet, solltest du ihn vor dem Bürsten mit Schweifspray einsprühen. Danach gleitet die Bürste leicht durch den Schweif, so dass keine Schweifhaare ausgerissen werden.

Beim Pferdefrisör

Einen Hufschmied und einen Sattler kennst du sicherlich, aber einen Pferdefrisör? Den brauchst du nicht, denn das Langhaar deines Pferdes kannst du leicht selbst frisieren. Und Spaß macht das obendrein. Ein bis zweimal im Jahr kann es sinnvoll sein, den Schweif des Pferdes etwas zu kürzen.

Beim Sportpferd wird meistens eine Schweiflänge bis zum Sprunggelenk gewünscht, beim Freizeitpferd darf es auch etwas länger sein. Reicht der Schweif bis auf die Erde, ist es Zeit für die Schere. Die Mähnenfrisur ist nicht nur eine Frage des Geschmacks, sondern auch der Rasse. Manche Ponys, zum Beispiel das Norweger Pferd, haben eine Stehmähne. Diese sieht besonders schick aus, wenn du sie ab und zu stutzt.

Bei Rassen mit langem Behang wie zum Beispiel Friesen und Haflingern, hat die Schere nichts an der Mähne zu suchen. Die Mähne wird höchstens mit einem sogenannten Verziehkamm begradigt. Dabei wickelst du die herausstehenden Fransen um die engen Zinken des Kammes und ziehst diese langsam aus der Mähne heraus.

Augen, Nüstern und Ohren

Augen und Nüstern sind besonders empfindliche Partien am Pferdekopf. Diese reinigst du am besten mit einem weichen, angefeuchteten Schwamm. Benutze dafür unbedingt einen eigenen Schwamm, den du an keinem anderen Körperteil einsetzt!

Augen und Nüstern müssen nur dann gereinigt werden, wenn du verklebte Stellen entdeckst. Wattestäbchen sind tabu, damit könntest du das Pferd verletzen, wenn es einen kleinen Moment nicht still hält.

Die Pflege der Ohren ist nicht immer einfach, denn manche Pferde sind kitzelig, und mögen es nicht, an den Ohren angefasst du werden. Gehe also geduldig und behutsam vor, und bürste das Fell an den Ohren mit einer kleinen, weichen Bürste.

Bürste auf diese Weise auch den Bereich im Nacken des Pferdes, denn hier sitzt das Nackenstück der Trense. Hier oben am Kopf ist das Fell oft verschwitzt. Wenn du es sorgfältig glatt bürstet, scheuert die Trense nicht beim Tragen.

Die Pflege nach dem Ritt

Auch nach dem Ritt musst du noch einmal mit dem Putzzeug zur Tat schreiten. Wenn du den Sattel abgenommen hast, ist das Fell darunter oft verschwitzt. Streiche es mit einer groben Bürste in Fellrichtung glatt, damit es beim nächsten Satteln nicht scheuert.

Ist die Schabracke oder Satteldecke feucht nach dem Ritt? Dann löse sie vom Sattel und hänge sie separat zum Trocknen auf. Das schont das empfindliche Leder und den Pferderücken.

Entdeckst du Schweißränder im Fell der Sattellage, solltest du das Fell mit einem feuchten Schwamm auswischen. Du solltest das Pferd auf keinen Fall mit verklebtem Fell in den Stall bringen. Verklebtes Fell trocknet nicht nur langsamer, sondern kann beim nächsten Satteln auch zu Scheuerstellen führen.

Genauso wichtig ist die Kontrolle aller vier Hufe nach dem Ritt. Stelle unbedingt sicher, dass keine Steinchen oder Holzstücke im Huf verbleiben. Wenn du einen Stein übersiehst und Pech hast, kann schon ein klitzekleiner Fremdkörper im Huf eine böse Verletzung herbeiführen.

Einmal duschen, bitte!

An warmen Sonnentagen empfinden viele Pferde es als angenehme Erfrischung, wenn sie nach dem Reiten mit einem Schlauch abgespritzt werden. Gehe behutsam dabei vor, und dusche das Pferd erst nach einer Pause ab, wenn es nicht mehr so erhitzt ist.

Spritze das Pferd dabei von unten nach oben ab, keinesfalls andersherum! Beginne also mit einem weichen Wasserstrahl unten an den Hufen, und wandere mit dem Strahl die Beine hinauf, damit das Pferd sich langsam an das kalte Wasser gewöhnen kann. Rücken, Bauch und Hals duschst du zuletzt ab.
Die empfindlichen Nierenpartien an den Flanken solltest du komplett aussparen.

Doch Vorsicht: Nicht alle Pferde mögen die Dusche aus dem Schlauch! Merkst du, dass das Pferd sich unwohl fühlt, reduziere die Wassermenge. Spritze das Pferd in diesem Fall nur soweit ab, wie es sich wohlfühlt.

Nach dem Duschen entfernst du mit einem sogenannten Schweißmesser das Wasser aus dem Fell. Führe dein Pferd noch einige Runden durch die Sonne, damit das Fell gut trocken kann. Nur bei großer Hitze darfst du dein Pferd mit nassem Fell in den Stall stellen.

Abschwitzdecke und Pferdesolarium

Im Winter kann nasses Pferdefell zum Problem werden. Hat das Pferd bei der Arbeit stark geschwitzt, solltest du es auf keinen Fall nass in den Stall stellen. Eine Abschwitzdecke leistet hier oft Abhilfe. Sie ist meistens aus Fließ, saugt den Schweiß aus dem Fell auf und transportiert ihn

an die Oberfläche der Decke. Dann schimmert die Oberfläche weißlich.

Ist die Decke vollgesogen, das Fell aber noch nicht trocken, solltest du die Decke wechseln und eine trockene Decke auflegen. Ist das Pferd nicht geschoren und hat stark geschwitzt, dauert es manchmal Stunden, bis das Fell trocken ist.

Schneller trocknet das Fell in einem Solarium. Ein Pferdesolarium besteht meistens aus einem abgetrennten Putzplatz, an dem du das Pferd rechts und links mit einem Strick anbinden kannst. Oberhalb des Pferdekörpers hängen die wärmenden Lampen an einem Gestänge. Viele Pferde genießen – wie wir Menschen – den Aufenthalt im Solarium und dösen genüsslich vor sich hin. Wichtig ist es, das Pferd nicht vom Solarium ungeschützt in den kalten Stall zu bringen. Eine Weile sollte das Pferd eine wärmende Decke tragen, um nicht zu schnell abzukühlen.

Die Fellschur

Wild lebende Pferde kommen im Winter nicht ins Schwitzen, denn sie bewegen sich nur gemächlich. Anders ist das bei Sportpferden, die das ganze Jahr trainiert werden. Müssten Sie mit dickem Winterfell Hochleistungen erbringen, würden sie stark schwitzen, und ihr gesamter Kreislauf würde stark beansprucht.

Ihr Fell würde sehr nass werden, so dass nach dem Reiten die Gefahr der Verkühlung bestünde. In solchen Fällen entscheiden sich Reiter oft dafür, ihr Pferd zu Beginn des Winters zu scheren.

Je nach Grad der Beanspruchung werden Pferde dann komplett oder nur teilweise geschoren. Das Fell in der Sattellage wird nie geschoren, damit der Sattel keine Druckstellen hervorruft.
Ein geschorenes Pferd muss in den Ruhephasen eingedeckt werden. Die Decke übernimmt dabei die Funktion des Fells. Oft werden Decken für unterschiedliche Temperaturen benötigt, zum Beispiel eine leichte Übergangsdecke, eine wasserdichte Paddockdecke und eine gefütterte Winterdecke.
Robuste Pferderassen, die das ganze Jahr über im Freien leben, sollten auf keinen Fall geschoren werden. Sie benötigen ein warmes Fell, das sie zuverlässig gegen Kälte, Wind und Nässe schützt.

Shampoo und Spray

Der Pferdehandel bietet eine große Palette an Pflegeartikeln für Pferde und Ponys. Was sinnvoll ist und was nicht, muss jeder selbst entscheiden.
Es gibt Shampoo für helle und Shampoo für dunkle Pferde. Sie sind allerdings recht teuer. In der Regel ist es jedoch ausreichend, ein Pferd mit Wasser zu waschen. Wenn du den Schweif shampoonieren

Im Sommer empfiehlt es sich, die Pferde vor dem Ausreiten mit einem Spray gegen Insekten einzusprühen. Denn Mücken und Bremsen können auf geschwitztem Fell schnell zu einer Plage werden. Die Auswahl an Anti-Insektensprays ist sehr groß, denn nicht alle Sprays helfen bei jedem Pferd. Achte beim Kauf darauf, dass das Spray auf natürlichen Grundstoffen basiert, wie Nelkenöl, Zedernöl oder Eukalyptusöl.

möchtest, kannst du ein mildes Babyshampoo aus dem Supermarkt verwenden.

Anders sieht es mit Schweifspray aus. Ein gutes Spray ist oft sparsam in der Anwendung und verhindert, dass die schönen Schweifhaare beim Bürsten versehentlich herausgerissen werden. Sprays mit besonderen Duftstoffen sind überflüssig. Pferden dürfte der Geruch egal sein, und schlimmstenfalls reagieren sie allergisch auf zu viel Chemie.

Satteln und Trensen

Reithalfter

Schau dir die Trensen der Pferde in eurer Reitbahn einmal genau an. Du wirst feststellen, dass es viele Unterschiede gibt, vor allem bei den Reithalftern. Manche Pferde werden mit einem hannoverschen Reithalfter geritten, andere mit einem englischen. Am weitesten verbreitet ist das **englische Reithalfter**. Der Nasenriemen sitzt bei dieser Halfterart knapp unter dem Jochbein, so dass das Pferd ungehindert atmen kann. Häufig wird das englische Reithalfter mit einem Sperrriemen kombiniert, dann nennt man es kombiniertes Reithalfter. Der Sperrriemen wird durch eine Schlaufe am Nasenriemen geführt und geht unterhalb des Gebisses herum. Er soll dazu beitragen, dass das Trensengebiss ruhig im Pferdemaul liegt.

Eine Trense mit kombiniertem Reithalfter

Das **hannoversche Reithalfter** hat keinen Sperrriemen. Der Nasenriemen sitzt tiefer als beim englischen Reithalfter, und darf nicht zu eng verschnallt werden.

Bei allen Reithalftern gilt, dass zwei Fingerbreit Platz zwischen Nasenriemen und Nase sein sollte.

Trensengebisse

Teil einer Trense ist außerdem das Trensengebiss. Es liegt im Pferdemaul auf der Zunge und dem zahnlosen Teil des Kiefers, den sogenannten Laden. Trensengebisse gibt es in vielen Ausführungen und Materialien, je nach Ausbildungsstand und Vorliebe von Pferd und Reiter. Am Trensengebiss sind die Zügel befestigt, es dient zur feinen Verständigung zwischen Pferd und Reiter.

Am gebräuchlichsten ist die einfach gebrochene Wassertrense aus Edelstahl oder aus Stahllegierungen. Hierbei ist das Mundstück in der Mitte beweglich. Bei der doppelt gebrochenen Wassertrense hat das Mundstück zwei Gelenke, es wirkt dadurch etwas weicher als das einfach gebrochene, aber auch etwas ungenauer.

Jedes Trensengebiss muss genau in das Pferdemaul passen. Dicke und Länge müssen sorgfältig ausgesucht werden, damit das Gebiss im Maul nicht drückt. Manche Reiter bevorzugen gebisslose Zäumungen. Hier wird, anders als bei einem Gebissstück, nicht auf Zunge und Laden eingewirkt, sondern durch Druck auf den Nasenrücken. Diese Trensenarten gehören nur in die Hände von erfahrenen Reitern.

Ein Hackamore ist eine gebisslose Zäumung

Satteltypen

Schau dich genau in eurer Sattelkammer um: Du wirst vermutlich Westernsättel, Dressursättel, Springsättel, Vielseitigkeits- und Wanderreitsättel entdecken können. Weißt du auch, wozu man sie braucht?

Ein Springsattel mit Schabracke

Der **Vielseitigkeitssattel** ist eine Zwischenform zwischen Dressur- und Springsattel und eignet sich gut für die Grundanforderungen in beiden Disziplinen, wie auch für Ausritte. Wer regelmäßig lange Geländeritte unternimmt, ist mit einem **Wanderreitsattel** gut bedient. Er hat, ähnlich wie der Westernsattel, eine große Auflagefläche und ist für Pferd und Reiter gleichermaßen sehr bequem.

Am auffälligsten ist der **Westernsattel**. Man erkennt ihn an seinem Horn vorne am Sattel. Er hat eine große Auflagefläche und eignet sich gut für das Westernreiten und Ausritte.

Ganz anders sieht ein **Dressursattel** aus. Er hat lange seitliche Sattelblätter und liegt dicht am Pferderücken auf, so dass man, wie beim Dressurreiten erforderlich, einen tiefen Sitz hat.

Ein **Springsattel** ist flacher, meistens hat er Pauschen vorne an den Sattelblättern, die den Knien Halt geben. Er ist speziell für das Reiten mit verkürzten Steigbügeln im leichten Sitz konstruiert.

Ein Dressursattel mit Sattelkissen

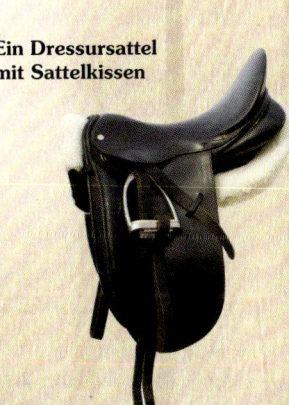

Sattelunterlagen

Je nach Satteltyp und Pferdesportdisziplin unterscheiden sich auch die Sattelunterlagen. Ihre Funktion ist jedoch stets ähnlich: Sie schützen einerseits den Pferderücken vor Druckstellen, und sorgen andererseits dafür, dass das empfindliche Leder des Sattels nicht mit dem Pferdeschweiß in Kontakt kommt.

Ein Pad für einen Westernsattel

Zwischen einem Westernsattel und dem Pferderücken liegen großflächige, oft recht feste und dicke **Pads**, die stoßdämpfend wirken. Es gibt sie in vielen Farben und Mustern.
Unter Dressur- und Springsätteln verwenden Reiter meistens **Schabracken**, die der Sattelform angepasst sind. Diese sind gesteppt, so dass sie auf dem Rücken nicht rutschen. Ihr Material besteht aus Baumwolle oder ähnlichem schweißaufsaugenden Material.

Hübsche Schabracken oder Satteldecken sind ein Hingucker: Es gibt sie in vielen modischen Farben, oft passend zu den Gamaschen oder Bandagen. Ob mit Strass-Steinen oder ähnlichem Glitzer, das bleibt dann ganz deinem Geschmack überlassen.

Den Sattel auflegen

Du hast das Pferd sicher angebunden und vor allem die Sattel- und Gurtlage sorgfältig geputzt? Dann kann es ja jetzt mit dem Satteln losgehen!

1 Du trägst den Sattel auf deinem linken Unterarm zur linken Seite des Pferdes. Der Sattelgurt liegt dabei über dem Sattel und ist auf der rechten Sattelseite befestigt. Hebe den Sattel nun über den Rücken, lasse ihn von vorne nach hinten in die Sattellage gleiten: Gehe dabei behutsam vor, und sorge dafür, dass die Sattelunterlage faltenfrei auf dem Pferderücken aufliegt.

2 Gehe nun vorne um das Pferd herum und kontrolliere die Lage des Sattels und der Satteldecke. Lasse den Gurt vorsichtig heruntergleiten; er darf nicht gegen das Pferdebein schlagen!

3 Wechsele nun wieder zurück auf die linke Seite des Pferdes. Greife den Sattelgurt an den Schnallen, und schließe ihn. Gurte zunächst nur locker, damit das Pferd sich nicht eingezwängt fühlt. Der Gurt sollte nun rund eine Handbreit hinter dem vorderen Pferdebein liegen.

Die Steigbügellänge einstellen

Liegt der Sattel auf dem Pferderücken, müssen als nächstes die Steigbügel eingestellt werden. Dazu gibt es eine Grundregel, die oft zur passenden Bügellänge führt: Wenn du deinen Arm ausstreckst, sollte der Steigbügelriemen genau von deiner Hand bis zu deiner Achsel reichen. Achte darauf, dass beide Steigbügel dieselbe Länge haben.

Das Anpassen der Steigbügellänge vom Sattel aus ist nicht ganz einfach. Lass dir am Anfang dabei helfen, und bitte jemanden, dein Pferd dabei am Zügel fest zu halten.

Die Löcher auf den Steigbügelriemen sind nummeriert. Wenn du häufig denselben Sattel verwendest, kennst du „dein Loch" sicherlich schon auswendig. Doch Achtung: Wenn du noch im Wachstum bist, kann die Bügellänge, die gestern noch perfekt passte, heute schon viel zu kurz sein!

Sitzt du auf dem Pferd, und merkst, dass die Steigbügel nicht passen, kannst du sie auch von oben verstellen. Winkele dazu dein Bein etwas nach oben an und ziehe den Steigbügelriemen unterhalb der Schnalle etwa eine Handbreit nach unten. Verstelle nun die Länge, und ziehe die Schnalle danach wieder ganz hoch. Das ist wichtig, denn sonst bekommst du einen blauen Fleck an der Oberschenkelinnenseite.

Das Pferd trensen

Nachdem du gesattelt hast, musst du jetzt noch trensen. Das ist anfangs gar nicht so einfach. Lass dir das Trensen von erfahrenen Reitern mehrmals zeigen, und versuche es zuerst nur unter Anleitung.

1

Das Pferd trägt sein Stallhalfter und ist sicher angebunden. Stell dich links neben die Pferdschulter mit Blick nach vorne. Lege die Zügel über den Hals.

2

Löse nun das Halfter, und lege deine rechte Hand auf den Nasenrücken. Greife mit der rechten Hand die Trense etwa in der Mitte der beiden Backenstücke.

③ Lege das Gebiss auf deine linke Handinnenfläche und schiebe es vorsichtig in das Pferdemaul. Bei manchen Pferden ist es notwendig, dass du zum Öffnen des Mauls deinen linken Daumen etwas in die zahnlosen Laden hineindrückst.

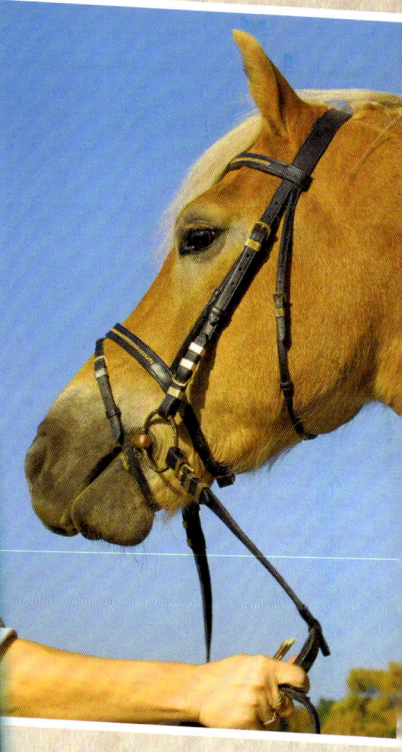

④ Ziehe nun die Trense vorsichtig hoch. Streife das Genickstück zunächst über das linke, danach über das rechte Pferdeohr. Streiche den Schopf oberhalb des Stirnbandes und die Mähne unterhalb des Genicks mit der Hand glatt.

Nachgurten

Damit das Pferd sich vom Sattelgurt nicht eingezwängt fühlt, ist es erforderlich, dass du mehrfach nachgurtest. Wenn du ein Pferd sattelst, ziehst du den Sattelgurt zunächst nur ganz locker an.

Je nach Länge des Sattelgurts kann es ausreichend sein, wenn du die Schnallen auf beiden Seiten zunächst nur im allerersten Loch befestigst.

Vor dem Aufsteigen musst du zum ersten Mal nachgurten, damit dir der Sattel nicht entgegenrutscht. Ziehe den Gurt nur soweit nach, wie du es ohne große Kraftanstrengung von unten aus schaffst. Achte darauf, dass die Gurtschnalle auf beiden Seiten im gleichen Loch befestigt ist. Bist du sicher im Sattel ankommen, gurte von oben ein zweites Mal nach.

Nach einigen Minuten Schritt hat das Pferd schon etwas Luft abgelassen, so dass du den Gurt ein weiteres Mal nachziehen kannst. Manchmal muss man nach dem ersten Trab noch einmal nachziehen, damit der Sattel nicht rutscht.

Das Pferd absatteln

Wenn du vom Pferd abgestiegen bist, solltest du als erstes beide Steigbügel hochziehen. Andernfalls könnte das Pferd mit den baumelnden Steigbügeln hängen bleiben.

① Nimm nun die Trense ab, ziehe das Stallhalfter auf und binde das Pferd an einer sicheren Stelle an. Löse dann den Sattelgurt an der linken Seite und lasse ihn vorsichtig nach unten gleiten.

② Gehe um das Pferd herum, und lege den Gurt von der rechten Seite über den Sattel. Gehe erneut um das Pferd herum, und ziehe den Sattel von der linken Seite vorsichtig vom Pferd. Lege ihn in sicherer Entfernung auf den Sattelbalken oder den Sattelhalter.

Kardätsche

3) Nun bürstest du mit einer Kardätsche die geschwitzten Stellen in der Sattellage und in der Gurtlage glatt. Dies ist wichtig, damit es beim nächsten Satteln nicht zu Druckstellen kommt. Bringe den Sattel zum Schluss in die Sattelkammer und hänge ihn sorgfältig auf. Ist die Sattelunterlage feucht, löse sie vom Sattel und hänge sie separat auf.

Das Sattelzeug pflegen

Sattel und Trense bestehen in der Regel aus Leder und sind sehr teuer. Damit sie lange halten und bei dem Pferd nicht scheuern, müssen sie regelmäßig gepflegt werden. Lederpflege ist eine recht aufwändige Sache, doch du solltest regelmäßig Zeit dafür einplanen, wenn du dich um ein Pferd kümmerst.

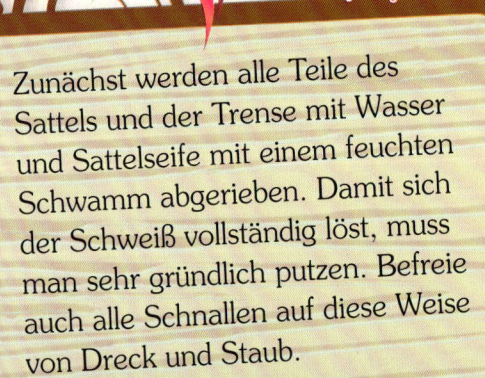

Zunächst werden alle Teile des Sattels und der Trense mit Wasser und Sattelseife mit einem feuchten Schwamm abgerieben. Damit sich der Schweiß vollständig löst, muss man sehr gründlich putzen. Befreie auch alle Schnallen auf diese Weise von Dreck und Staub.

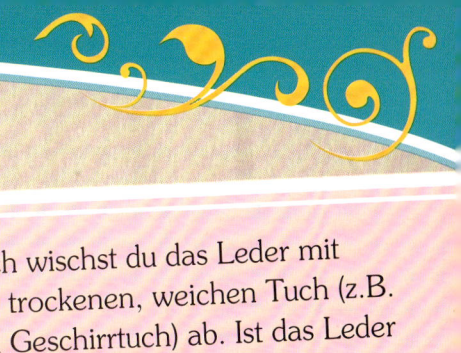

Danach wischst du das Leder mit einem trockenen, weichen Tuch (z.B. einem Geschirrtuch) ab. Ist das Leder komplett sauber, kannst du es einfetten. Gib etwas Sattelfett auf ein trockenes Tuch und verteile es dünn auf allen Lederteilen. Verreibe das Fett gut, und lass es eine Weile einziehen. Zum Schluss polierst du alle eingefetteten Teile mit einem trockenen Tuch, so dass alles schön glänzt und kein überschüssiges Fett mehr sichtbar ist.

Alleine? Nie!

Dass Pferde Herdentiere sind, weißt du ja schon. Sie sind grundsätzlich ungerne allein. Auch im Gelände fühlen sie sich in Gesellschaft wohler. Und auch uns Reitern macht ein Ausritt mit Freunden einfach mehr Spaß.

Besonders empfehlenswert: An manchen Reitställen kann man geführte Ausritte buchen, die von einem Reitlehrer oder einem geländeerfahrenen Reiter geleitet werden. Denn es ist auch eine Frage der Sicherheit: Wenn du im Wald aus welchen Gründen auch immer vom Pferd fällst, wirst du froh sein, wenn sich jemand um dich kümmert.

Anfangs solltest du nur auf erfahrenen Pferden ausreiten. Bist du als fortgeschrittener Reiter später einmal mit einem noch unerfahrenen Pferd im Gelände unterwegs, ist es besonders wichtig, dass ein erfahrenes Pferd dabei ist. Junge Pferde, die anfangs aufgeregt in der unbekannten Umgebung sind, entspannen sich in der Gesellschaft von einem „alten Hasen" schnell. Sie vertrauen ihrem Artgenossen und lernen von ihm.

Reiten erlaubt?

Weißt du eigentlich, wo das Reiten in der freien Natur gestattet ist? Diese Frage ist gar nicht so einfach zu beantworten, denn die Regelungen fallen je nach Bundesland unterschiedlich aus.

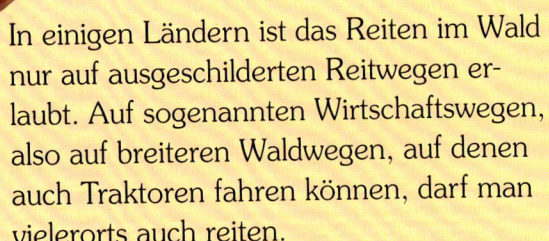

In einigen Ländern ist das Reiten im Wald nur auf ausgeschilderten Reitwegen erlaubt. Auf sogenannten Wirtschaftswegen, also auf breiteren Waldwegen, auf denen auch Traktoren fahren können, darf man vielerorts auch reiten.

So ähnlich kann eine Reitkarte aussehen.

- 🟪 Siedlung
- 🟩 Wald
- 🟡 Bewirtschaftete Fläche
- 🟦 Fluss
- 🟧 Autobahn
- 🟨 Bundesstraße
- ➖ Reitweg
- Ω Laubwald
- Λ Nadelwald

Fast immer verboten ist das Reiten hingegen auf ausgewiesenen Wanderwegen. Am besten erkundigst du dich an deinem Reitstall, was in eurer Gegend erlaubt ist und was nicht. Planst du einen Ausritt in einem dir unbekannten Gebiet, solltest du diesen vorab genau planen. Für die meisten Reitgebiete gibt es spezielle Reitkarten, auf denen die Reitwege eingezeichnet sind.

In vielen Bundesländern benötigen Pferdebesitzer eine Reitplakette für das Reiten im Gelände. Diese erhält man gegen eine jährliche Gebühr bei der Gemeinde- oder Stadtverwaltung.

Bevor es losgeht: Kurzcheck

Bei einem Geländeritt ist es noch wichtiger als beim Reiten in der Reitbahn, dass Pferd und Reiter fit sind, und dass die Ausrüstung in einem guten Zustand ist. Denn mal eben Hilfe zu holen, wenn z.B. ein Steigbügelriemen reißt, ist oft nicht so leicht möglich.

Checke dein Pferd vor dem Abritt daher genau. Macht es einen gesunden Eindruck, oder wirkt es krank? Ist die Sattellage frei von Druckstellen? Kontrolliere unbedingt auch die Hufe. Sitzen die Hufeisen fest? Mit lockeren Hufeisen solltest du keinesfalls losreiten.

Schau nach, ob Sattel, Satteldecke und Trense in gutem und sauberem Zustand sind. Bist du dir unsicher, bitte erfahrene Reiter oder den Rittführer um ihre Einschätzung.

Auch deine eigene Verfassung solltest du kritisch auf den Prüfstand stellen. Bist du fit? Bauchweh oder Kopfschmerzen sind kein guter Begleiter.

Bevor du zu einem Ausritt aufbrichst, sag deinen Stallkollegen Bescheid, wo du herreiten wirst. Stelle außerdem sicher, dass du dein Handy dabei hast und, dass es aufgeladen ist.

Bergauf, bergab

Anders als das Reiten auf ebenem Boden in der Reitbahn ist das Reiten in der Natur – je nach Landschaft – mit einem stetigen Bergauf- und Bergabreiten verbunden. Das wird dir anfangs aufgrund der wechselnden Schrittlängen vielleicht etwas ungewohnt vorkommen.

Beim Reiten im Gelände reitet man im sogenannten Entlastungssitz. Die Steigbügel sind dabei etwas verkürzt. Die Knie liegen geschlossen am Sattel an. Der Oberkörper wird leicht nach vorne geneigt, dein Gesäß schwebt etwas über dem Sattel. Damit entlastest du zum Beispiel beim Bergauf- oder Bergabklettern den Rücken deines Pferdes. Würdest du wie beim Dressurreiten tief im Sattel sitzen bleiben, würde es dem Pferd schwerer fallen, sich bei Unebenheiten auszubalancieren.

Dein Reitlehrer wird dich in den Reitstunden auf den Ausritt vorbereiten und den Geländesitz mit dir üben. Übrigens: Diesen Entlastungssitz benötigst du auch beim Reiten über Stangen oder Hindernisse.

Durchs Wasser reiten

Durch einen Bach oder einen kleinen Teich zu reiten, ist ein besonderer Spaß. Pferde reagieren unterschiedlich auf Wasser: Einige schreiten mutig hinein, und fangen darin an mit den Hufen zu plantschen. Bei solchen Pferden musst du fleißig vorwärts reiten und aufpassen, dass sie sich nicht ins Wasser werfen.

Andere Pferde sind eher zögerlich, und trauen dem oft nicht sichtbaren Untergrund unter dem Wasser nicht. In solchen Fällen empfiehlt es sich, einem erfahrenen Führpferd zu folgen. Hat dieses die Wasserstelle sicher überquert, wagen meistens auch die übrigen Pferde der Gruppe den Wasserdurchritt.

Manche Pferde gehen sicher durch stehende Gewässer, haben aber Probleme bei fließenden Bächen oder dem Meer. Hier solltest du die Ruhe bewahren, das Pferd ausgiebig schauen lassen, und dann an einer seichten Stelle mit wenig Brandung an der Seite eines coolen Artgenossen die ersten Schritte probieren. Klappt das, solltest du dein Pferd unbedingt loben, denn Lob motiviert zu mehr!

Rast machen

Wenn du mit deinen Freunden einen längeren Ausritt planst, solltet ihr unterwegs eine Pause einlegen, in der die Pferde verschnaufen können. Vielleicht wollt ihr ja ein Picknick machen? Für jedes Pferd solltet ihr ein Halfter dabei haben. Gut geeignet sind Knotenhalfter, sie lassen sich platzsparend verstauen. Bindet die Pferde bei einer Rast auf keinen Fall an der Trense fest, sie könnten sich verletzen.

Wenn ihr die Pferde unterwegs grasen lassen möchtet, solltet ihr unbedingt sicherstellen, dass auf der Wiese keine Giftpflanzen wachsen. Auf Nummer sicher gehst du, wenn du dein Pferd unterwegs gar nicht fressen lässt. Etwas Wasser gegen den Durst, zum Beispiel aus einem klaren Bach, ist in der Regel ausreichend.

Den Sattelgurt lockert man bei einer Pause etwas. Vergiss nicht, ihn vor dem Weiterreiten wieder nachzuziehen! Es empfiehlt sich nicht, die Pferde während einer Rast komplett abzusatteln. Häufig ist ihr Fell geschwitzt, und ein erneutes Satteln auf feuchtem Fell birgt die Gefahr von Satteldruck.

Im Straßenverkehr

Manchmal lässt es sich nicht vermeiden, an einer Straße entlangzureiten, um in ein Waldgebiet zu gelangen. In diesem Fall giltst du als Reiter mit deinem Pferd als Verkehrsteilnehmer.

Es gelten für euch dieselben Regeln der Straßenverkehrsordnung wie für Autos.

Das bedeutet zum Beispiel: Du musst auf der Straße reiten, und zwar am rechten Fahrbahnrand. Das Reiten auf Fußgängerwegen oder Radwegen ist grundsätzlich verboten. Wenn ihr in der Gruppe reitet, bleibt stets beieinander, und überquert eine Straße nur gemeinsam und gleichzeitig. In größeren Gruppen empfiehlt es sich, jeweils zu zweit nebeneinander zu reiten, wobei das ruhigere Pferd auf der dem Autoverkehr zugewandten Seite gehen sollte.

> Ampeln gelten auch für Reiter, das bedeutet, vor einer roten Ampel für Autofahrer muss ein Reiter anhalten. Auch wenn es gerade passend wäre: Die Fußgängerampel gilt nicht für Pferd und Reiter.
> Natürlich reitet man auf Straßen nur im Schritt!

Handzeichen

Wenn du an einem Ausritt in einer größeren Gruppe teilnimmst, wirst du schnell merken, dass die Verständigung per Stimme oft nicht möglich ist. Dennoch muss sichergestellt sein, dass alle Reiter darüber informiert werden, wenn zum Beispiel die Gangart gewechselt wird. Hierzu haben sich Handzeichen bewährt, mit denen der erste Reiter signalisiert, was als nächstes kommt.

Vor einem Ausritt sollten die Handzeichen abgestimmt werden, damit jeder Reiter ihre Bedeutung versteht.

Hier sind einige Beispiele: Ein nach oben gestreckter Arm bedeutet „Achtung". Senkt der Anfangsreiter seinen nach oben gestreckten Arm danach zur Seite, signalisiert er den folgenden Reitern damit, dass er einen Wechsel in die jeweils nächstniedrigere Gangart vornehmen wird. Ein mehrfaches seitliches Hochstoßen des Arms im Schritt bedeutet, dass die Gruppe nun antraben wird. Schwenkt der Anfangsreiter seinen Arm über seinem Kopf, geht es im Galopp weiter.

Sicherheitsausrüstung

Egal, ob du auf dem Pferderücken nur eine kleine Runde durch den Wald bummeln möchtest, oder einen Tagesritt planst: Ohne geeignete Sicherheitsausrüstung solltest du keines von beiden unternehmen.

Drei Dinge sind unverzichtbar bei einem Ausritt: Erstens: Ein perfekt sitzender **Reithelm**, der auch bei längerem Tragen nicht drückt. Zweitens: Intakte **Reitstiefel**, **Stiefeletten** oder **Reitschuhe** mit Absatz, damit der Fuß im Bügel nicht durchrutschen kann. Drittens: **Handschuhe**, damit du die Zügel gut im Griff hast und deine Finger nicht wund gescheuert werden.

Zwei weitere Dinge tragen ebenfalls wesentlich zur Sicherheit auf Ausritten bei. Eine passende **Schutzweste** sowie **Sicherheitssteigbügel**. Letztere gibt es in verschiedenen Ausführungen, zum Beispiel mit einem seitlichen Gummiband oder einem flexiblen Gelenk. Sie verhindern, dass dein Fuß bei einem Sturz im Bügel hängen bleibt. Bei normalen Steigbügeln besteht beim Sturz die Gefahr, dass sich dein Fuß im Bügel verkantet und du vom flüchtenden Pferd auf dem Boden mitgeschleift wirst, was extrem gefährlich ist.

Im Dunklen

Gerade im Winter lässt es sich manchmal nicht vermeiden, im Dunklen zu reiten, zum Beispiel, wenn du zum Reitunterricht in die Reithalle des Nachbarstalles reiten musst. Sorge in solchen Fällen unbedingt dafür, dass man dich und dein Pferd bei Dunkelheit gut erkennen kann.

Im Straßenverkehr ist es Vorschrift, dass du als Reiter in der Dämmerung und im Dunklen mindestens mit einer **Stiefellampe** ausgerüstet bist. Diese leuchtet nach vorne weiß und nach hinten rot, genauso wie die Scheinwerfer eines Autos.

Trägst du eine dunkle Winterjacke, solltest du blinkende **Reflektorstreifen** an den Ärmeln befestigen. Vielleicht besitzt du diese ja sogar schon vom Fahrradfahren.

Zusätzliche Sicherheit bieten reflektierende Westen, Gamaschen und Pferdedecken. Auch das Tragen einer **Helmlampe** ist sinnvoll. Entgegenkommender Verkehr wird dich und dein Pferd aufgrund des hellen Lichts sofort erkennen.

Fotonachweis

Fotolia.com: S. 9 © contrastwerkstatt; 33 r. © Tamara Reinisch; 52 © Siegi; 58 © Bonnie C. Marquette; 60 © valery121283; 90 © Franziska Reichelt; 94 © Eric Isselée; 96 © Martina Berg; 98 © Olga Itina; 101 © Julia Remezova; 102 © Nadine Haase; 105 © Eric Isselée; 106 © Scully Pictures; 109 © Eric Isselée; 121 © cynthia skaar; 126 © Activa; 133 © FotoLS; 138 © fiore26; 143 © Sven Cramer; 160 © jeanma85; 165 © Maria Kondratjeva; 166 © Eric Isselée; 173 © Maria Kondratjeva; 176 © Nadine Haase; 186 + 187 © Galina Krylova; 191 © contrastwerkstatt; 192 © Aintschie; 195 © BildPix.de; 208 © contrastwerkstatt; 212 © Petitonnerre